第1輯

花開瘟疫蔓延時

楊志剛 著

太平書局

「中環一筆」叢書第 1 輯

花開瘟疫蔓延時

作　　者：　楊志剛

責任編輯：　John Wong

封面設計：　Cathy Chiu

出　　版：　太平書局

香港筲箕灣耀興道3號東匯廣場8樓

發　　行：　香港聯合書刊物流有限公司

香港新界荃灣德士古道220-248號荃灣工業中心16樓

印　　刷：　盈豐國際印刷有限公司

香港柴灣康民街2號康民工業中心14樓

版　　次：　2021年 7 月第 1 版第 1 次印刷

ISBN 978 962 32 9355 6

Printed in Hong Kong

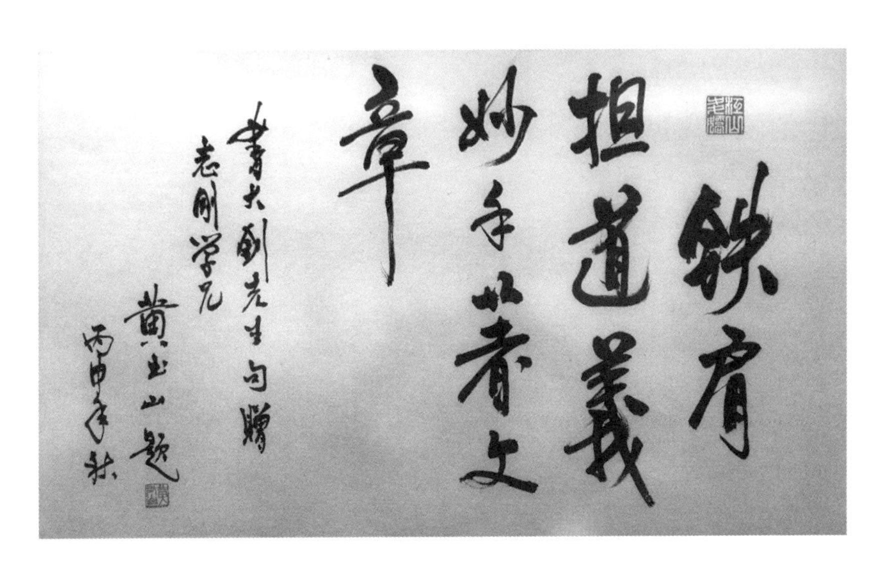
鐵肩担道義

「中環一筆」叢書總序

都說歲月有痕。香港正處於百年未有之大變局。順應歷史潮流的變革是一種必然。

世上很多變革往往是被迫發生的，包括觀念的變革。任何一個事物的變革，巨大的動力在於迫切需要變革的人。香港走到變革的今天不容易。這種艱難度，香港人最清楚。

變革，就是不同於昨天，不重複今天。變革中的問題，只能透過繼續變革來解決。不斷的變革，才有不盡的活力。變革的時代，提供了發揮能力的機會，也提供了對能力的挑戰。

立足大視角，變革新香港。跳出香港看香港，跳出當前看長遠。這是本叢書第一輯、第二輯共 10 位作者的共識。

自 2014 年 7 月，零傳媒國際有限公司牽頭成立「中環一筆」評論小組，邀請香港媒體界、教育界、司法界、財經界等專家，每週撰寫關於香港時政的評論文章。他們扎根在各自的專業領域數十年，建樹良多。7 年來香港經歷了一系列的動盪，從非法佔中、雨傘運動再到 2019 年的反修例風波，他們一直堅守前線，筆耕不輟。

2015 年以來，零傳媒已先後出版了《香港傘裏傘外博弈》、《血色旺角前世今生》、《回歸 20 年 —— 香港浴火重生》、《香港超越內耗》、《香港拒絕傲慢與偏見》、《香港顏色密碼》、《衝破香港黑夜的曙光》等 7 本相關評論文集，在海內外傳遞出強有力的聲音。當時間走到 2021 年，《香港國安法》已經實施，完善選舉制度條例刊憲，香港迎來一個新的變革契機，我們覺得需要為每一位作者的思考，專門結集出版。

這 10 位作者及其作品，分別是雷鼎鳴《龍鷹相搏 —— 香港看到的中美政經關係》、楊志剛《花開瘟疫蔓延時》、陳莊勤《沉默不螺旋》、屈穎妍《支離破碎的世界》、陳文鴻《港人的家國觀和世界觀》、阮紀宏《來生再寫中間派評論》、劉瀾昌《港人為何未能治港》、何漢權《教育，過眼不雲煙》、潘麗瓊《黑暴未了，真兇是誰？》、江迅《嬗變香港》。

感謝太平書局為此套叢書精心設計，如您將整套書擺放在一起，在書脊處會見到香港地標中環的完整海岸線，我們謹以此向各位作者致謝。

我們共同期待大變革下，香港會越來越好。

序言

還是文字好。視頻和影像吸引眼球，視頻看到的人、情、事、物，是如此清晰堅實，堅實得令我們的思想和想像難以跨越。文字看到的只是一筆一劃，空間無限，教我們必需跨越眼前的白紙黑字。古今中外文學經典永遠風行。視頻沒有經典。年輕時我看過多次被譽為經典的視頻，如《野草莓》、《八部半》、《大國民》，只是過眼雲煙。

文字受限的是我們的表達力和想像力。文字世界是宇宙，中外古今全人類曾經書寫的和未曾書寫的文字總量，是宇宙無限中的一粒沙塵。

董建華先生和四位大學校長對我的鼓勵，我銘感於心。

零傳媒將我的文字沙塵結集成書，我心存感激。這次結集的文章大部分在《明報》觀點版、《香港 01》週報、以及《亞洲週刊》和《零傳媒》發表過。特此鳴謝。

楊志剛

目錄

卷首篇

香江言

世評語

古道吟

卷首篇

花開瘟疫蔓延時

那年日本櫻花開得特別燦爛，朋友紛紛前往日本賞花。我和她於是靜靜坐上高鐵列車，前往武漢大學。畢竟武漢大學被譽為世界十大最美校園之一，而且校園內有一條櫻花大道，接壤着櫻花大道的還有一道迷人的情人坡。單憑這兩個漂亮的名字，已經值得拋棄日本而北赴武漢，加上伴隨着層林盡染的櫻花是百年學府的人文氣息，教人默默緬懷着武漢櫻花滄桑的歷史。

中華大地繁花似錦，中國文人亦喜以花入詩，以花弄文。有謂：菊，花之隱逸者；牡丹，花之富貴者；蓮，花之君子者。我曰：櫻，花之灰姑娘，自古被文人冷落。讀盡唐詩宋詞，不見一首詠櫻詩。古來最受文人寵愛的首推梅花。單是毛澤東一首〈詠梅〉，便堪稱千古絕唱：「風雨送春歸，飛雪迎春到；已是懸崖百丈冰，猶有花枝俏。俏也不爭春，只把春來報；待到山花爛漫時，她在叢中笑。」這個「山花爛漫」之中，櫻花不會缺席，卻只是名不上榜的陪襯；孤高地在叢林中傲然獨笑的梅花才是花魁。我驀然領悟：原來真正「俏也不爭春」是櫻花，不是主角梅花。

武漢櫻花的花期是 3 月中旬至 4 月上旬。新冠肺炎由武漢蔓延，經過全國人民史詩級的團結和犧牲，抗疫已經取得讓人鼓舞但不能鬆懈的成果。今周是武漢大學櫻花的初開期，正值疫情稍退，櫻花大道兩旁的千棵櫻花在病疫肆虐中定必如常綻放，在燦爛中多了七分梅花的堅拔挺秀、錚錚傲魄。

櫻花大道長三百米，我們那次漫步花間已經是落花期，遊人較少，但仍然是到處櫻花燦爛。緩步櫻花大道，不知不覺來到一片草坡，我們就是在青葱草坡遇到小晴和她的愛人小彬。萍水相逢，小晴頑皮地笑問我們：「你們來情人坡談情嗎？」我也笑着問：「這裏就是情人坡嗎？我們是專程從香港來情人坡偷情啊！」小晴知道我們來自香港，馬上熱情地告訴我們她在香港住過一個月。細問之下，真是他鄉遇故知。年紀輕輕的她竟然是武漢大學人民醫院的教授，曾經駐在香港中文大學醫學院作一個月的交流。那年我仍在中文大學任教。怎料到在我面前的年輕頑皮女子竟然是一位醫學教授，我有點手足無措。她曾駐中大醫學院，如果我又自稱在中大任教，可被視為膚淺的流氓腔調。為免以為我們白撞，我急急從背包拿出教員證，這還不夠，我還匆匆在手機搜查了我寫得較滿意的文章讓他們看。閱畢，我們四人在櫻花大道下的情人坡上開懷大笑。

小晴出生貧農家庭，自小就要在課餘時間幫父母務農。「很辛苦呀！被太陽曬得像個黑人！」她笑着說。小晴在農村小學成績出眾，並以全鎮第一的成績入讀省裏的第一中學，然後以全省最優異的高考成績入讀武漢醫科大學，然後以班裏第一的成績畢業，並留校任教，是武漢大學人民醫院的主任醫師。小彬是她醫學院的同學，是深圳人民醫院的主任醫師，因工作關係住在深圳。「你們中文大學醫學院的專業水平超高啊！」她說。我對她說：以您們這樣出眾的條件，這樣高的水平，可以輕易考取香港的醫生執業試，然後來香港任教和執業。「不啦，國家需要呀」，她輕笑而堅定地回答。

武漢爆發疫情，我想起了小晴。1 月 23 日武漢封城，引發了民眾恐慌，數以萬計市民湧到武漢醫院，令當地醫療機構幾乎崩潰。我開始為小晴擔心。在「武漢加油」口號之下，八方增援，全國源源不斷調集四萬多來自各省市的醫護精英及大量醫療設備和物資增援武漢，十天之內為嚴重病人建成兩所有千張病床、設備齊全的醫院，並大量興建方艙醫院，全面救治確診病人。媒體報道湖北有逾百名醫護人員在抗疫中受感染。小晴能否捱過去？小彬是留守在深圳醫院保衛中國南大門，還是北上武漢，和愛人並肩保衛大武漢？我不敢過分騷擾，只兩度微信小晴：「在國家需要妳的時候，請好好照顧自己。」微信發出後，音訊全無。

武漢大學的簡歷是中國近代史的濃縮版。武漢大學的前身是清朝湖廣總督張之洞在 1893 年創辦的自強學堂。但是清朝積弱，教育興國只能淪為夢想。1926 年南京政府將學堂改建為國立武昌中山大學。日本侵華時武漢淪陷，校園成為日軍司令部。日軍為了顯示其長期佔領的野心，於 1939 年在校園種植櫻花。日本投降後大學復課，並設立醫學院。1949 年新中國成立，學校更名為武漢大學。1972 年中日關係正常化，日本向中國贈送一千株櫻花樹，其中一部份贈予武漢大學。在上世紀 80 年代日本再度贈櫻，種植在校園櫻花大道。那個年代，日本對侵華歷史真誠懊悔，是中日關係高峰期。櫻花在武漢獲得專家的悉心栽種，加上當地原生的各類品種櫻花，讓武漢成為櫻花之城。武漢大學亦經過多年的自強不息，成為國際頂尖的高等學府。例如武漢大學醫學院的超高國際水平，讓其畢業生無需通過任何當地專業考試便可以自動在新加坡行醫。

武大精神就是自強。全國人民以承擔和犧牲打一場史詩級的抗疫戰，打出國家民族新的自省自強，亦向世界展示中國的制度是全國為民，全民為國。有了全國為民，才能調動全民為國。

今天，微信朋友圈說武漢長江大橋昨晚放煙花，五彩煙花在夜空打出「戰勝疫情」的彩色大字。下午，我收到小晴從微信傳來的兩張照片，一張是青蔥草坡，後面是櫻花。另一幀是她的自拍照。有點憔悴，頭髮剪短了，眼圈和鼻樑上有明顯紅痕。是長時間緊戴眼罩和口罩擠壓成的痕迹吧。「疫情過後，來武漢看櫻花。」她說。

（原刊於 2020 年 3 月 19 日《香港 01》）

香江言

港府的管治出了哪些問題？

特首林鄭月娥宣布將於 11 月實行與新加坡的「航空旅遊氣泡」，吐氣揚眉了一會。新加坡來港人數多年來只佔總來港人數不足百分之一，對重振經濟杯水車薪，是聊勝於無不刺已破的氣泡。內地來港人數佔百分之八十，以互認健康碼來恢復與內地人流正常往來，才是重振經濟的黃道正纛。

特首早於 6 月 30 日便說：「特區政府希望爭取在本周內公佈」健康碼，但蹉跎多月，「本周」了四個月，還未落實。這折射了香港面對更嚴重的問題：不是旅遊氣泡，而是整個管治團隊存活在一個政治大氣泡中，管治乏善足陳，卻在無知與短視中沾沾自喜。

習近平最近在深圳特區 40 週年慶祝大會上說：「深圳廣大幹部羣眾披荊斬棘、埋頭苦幹，用 40 年時間走過了國外一些國際化大都市上百年走完的歷程。」習近平睥睨天下，他口中的「國外一些國際化大都市」當然是指三藩市大灣區和東京灣大灣區的國際大都市，他不會閃爍言辭挖苦香港。但香港人聽到這句「一些國際化大都市」豈可不對號入座，然後羞愧得無地自容。

黑暴和疫情是香港管治的試金石。香港多年來自吹自擂的所謂制度優勢、中西文明的結合、高效的公務員隊伍、專業精神、法治精神，原來都是金玉其外。習近平對深圳經驗的每一項觀察，都可說是對香港的無心打臉。他說：「要自覺站在黨和國家大局上想問題、辦事情。要建立健全激勵機制，推動形成能者上、優者獎、庸者下、劣者汰的正確導向。」

香港特區領導精英，一向的心態就是香港的管治團隊和制度遠勝內地；但在黑暴一試之下，香港的管治團隊原來是心頭高、能力低，只懂因循守舊，毫無創新解難能力，毫無「站在國家大局想問題」的心態，更缺看大局的眼界。香港公務員薪酬之高，舉世知名，但原來一直是高薪養愚。

去年的動亂，是對香港管治的第一度測試。在持續半年的止暴制亂工作，警隊一直單打獨鬥，其餘政府部門竟然採取事不關己的態度。亂港文宣和偽新聞排山倒海來襲，但政府新聞處卻是輿論零反制，仍像太平盛世一樣閒庭信步，發發新聞稿，然後斥資千萬聘請海外公關公司為香港塗脂抹粉；

學生大規模參與暴亂，搗亂校園，但教育局及學校管理層連起碼的公開譴責都畏首畏尾，遑論穩定少年學子心；不少教師縱容甚至鼓勵學生參與暴力抗爭，但教育局隻眼開隻眼閉放軟手腳；公務員或明或暗參與暴亂，但公務員事務局視若無睹，不作高調果斷處理；大批社工參與反政府活動，違反社工註冊條例，而聘用他們的社福機構全是靠政府資助，但勞工福利局和社會福利署卻零行動；

民政事務局掌管龐大的地區資源和網絡，理應建立和調動地區親政府力量，配合政府工作，但多年來培養的是反政府力量；大批暴亂武器從不同渠道流入香港，但海關並無一早阻截；全城街道被非法貼滿「反修例」標語，食環署卻不主動清理。如此管治，香港豈能不衰敗？習近平強調的深圳經驗：「庸者下、劣者汰」，莫不是對香港管治團隊的嚴厲警示？

再看看大學教資會，每年負責分配逾200多億元給八大院校，是天文數字。教資會在履行這200億元的職責時，有無「自覺站在國家大局上想問題、辦事情」？身處全球政治大變局的大時代，全球各地大學的政策研究所，都為國家出謀獻策。

例如美國有大學研究「中國解體後的管治問題」，國內大學則研究「統一台灣後的台灣管治問題」，唯獨本港大學仍然停留在殖民地時代，只有「中國研究中心」，沿用殖民地的心態，以西方國家眼光去觀察中國，而非與時並進，利用本港大學和歐美的緊密關係，把研究中國的資源，改為投放在協助國家研究歐美的對華政策，例如美國對中國的貿易戰、科技戰之後，會如何打金融戰？

一旦美國對中國和香港進行金融脫鈎，後果如何，香港應如何應對？教資會掌控200億元撥款大權，只需微調研究撥款的優先次序，便可達到「站在國家大局上想問題」的效果。不做便是不及格。

新冠肺炎對香港管治的測試，同樣是不及格。國家在如何防控和清零，不但作了清楚示範，還派專家隊伍來港協助。但香港連最基本的規定公共交通服務員、教師團隊、飲食業人員等接受測試，亦做不到，畏首畏尾，聽從醫學會為私營醫護界的私利而提出所謂「連醫生都無權強制病人做測試」的連篇廢話。

正如醫生無權強制市民戴口罩、醫生無權強制市民社交距離、醫生無權規定吃飯最多六人一枱，強制測試與醫生權力無關，是負責任的政府做出負責任的公共衛生規定。不作為便是不負責任。香港的抗疫成績，放在國內，定必早已按「庸者下」而被問責，而香港管治團隊卻還自我陶醉於政治大氣泡內。

（原刊於 2020 年 10 月 30 日《中環一筆》）

不要「攬炒」要「攬民」的兄長式管治

面對「攬炒」的擾嚷，為政之道，在於「攬民」。就是愛護有加地攬實香港市民，不但保護市民免受攬炒的傷害，更要讓市民感受到關愛和幸福，就像成熟睿智的親哥哥把結實的臂彎溫柔地攬着港人的肩膊，重新上路。「攬民」就是實行有香港特色的「兄長管治」模式。這不是要港澳辦主任夏寶龍「兄長式」地監督和指導林鄭月娥管治香港，而是指香港捱過了殖民地「虎爸式」的家長管治，大躍進到回歸後家嘈屋閉同室操戈的「任性式」港人治港後，終於要逆轉方向，以兄長式的管治，追尋回歸 23 年一直望而不得的長治久安。

香港邁向威權穩固

由英治時期空降港督，短短的 23 年過渡到「我要真普選」，是翻天覆地的政治轉型和極速的權力重新分配，這過程製造了爆炸性的政治機會和夢幻般的民主想像。還在求學階段或剛畢業的青年才俊，除了幾場抗爭體驗之外毫無業績，卻可以在選舉中高票當選。借問普天之下何處的民主選舉能提供如此黃金機會？

在歷史長河，成熟穩固的政治體制從來不會提供這樣爆炸式的黃金機會。這只能是政治轉型期暫時的過渡現象。全球政權能長治久安的只有兩類模式。一類是民主穩固型模式，如北歐、澳紐。另一類是威權穩固型模式，如中國、新加坡。其餘的模式均屬於兩極之間游走的轉型期，是先天不穩定的過渡狀態，直至成功轉型為民主穩固，或威權穩固。香港於民主轉型期的驚濤駭浪中喘過神來，在十字路口躊躇之後，跨出了重要的一步，邁向威權穩固。

成熟穩固的威權型管治有不同模式，可以是獨裁模式，如千里追魂的沙特阿拉伯；亦可以是家長模式，如國泰民安的新加坡。香港自由度的起點高於新加坡，例如在 2020 年「無國界記者」的全球新聞自由排名，新加坡排 158，香港雖然下跌，但仍排全球 80。香港人的民主訴求，包括真普選，亦高於新加坡未選先定的一黨獨大。香港在一國兩制基礎上的兄長式管治，宜較新加坡的家長式管治多七分親哥哥的寬容理解，少三分虎爸爸的約束管教，然後添加十分成熟睿智。

美在港「努力經營」　英強在「制度管控」

新加坡像在管控制度上承傳英國，在政治上靠攏美國，英美勢力不會去搞她，故此新加坡外部地緣政治環境沒香港的複雜。美國自 70 年前韓戰被中國打回談判桌上後，便清楚知道香港在其壓制中國的重要作用，於是多年來在香港努力經營，加上其全球輿論操控和溫柔的文宣，令大部分港人自出娘胎便在精神和價值觀上啜着美國奶汁長大。法國對美國電視節目和荷李活電影的輸入嚴格設限，自有其道理。美國甚至在內地亦有大量「粉絲」，何況在港。這是香港的政治現實。

英國在國際上沒有美國的肌肉和軟實力，但是在香港管治多年，或明或暗的勢力盤根錯節，在關鍵時刻便現真身。英國的最強，在於四個字：「制度管控」，是從管控大批殖民地累積下來的一套完善制度，把香港人管控得妥妥貼貼。小如醫務委員會，便有兩名英軍的軍醫坐鎮，有事他倆一開口，哪一個人敢作聲？回歸前 10 年開始，英國有系統地把每一個關鍵的管控點扭轉為放任點。只要仔細研究 1987 至 1997 年之間英國在港所立新法和所幹何事，便可全盤了解虎爸爸的厲害。

港人多年來非常不快樂　是不爭事實

香港的人均 GDP 高踞全球前列，但香港人的「快樂指數」較不少第三世界地區還低。例如較具規模的「Gallup 2020 快樂指數」，186 個城市對當前生活評估的「主觀幸福感排名」中，香港排 114，和巴基斯坦、委內瑞拉、南非等國的城市差不多。這些排名榜會有偏頗，但港人多年來非常不快樂，是不爭事實。

兄長式管治下，如何構建港人幸福快樂？主觀的幸福感，除了硬件如住屋、交通、醫療之外，還涉及軟件，如充滿人情味的社會、公平公義、民主自由等價值認同。在邁向兄長式管治下，林鄭、夏寶龍和中聯辦駱惠寧的鐵三角一出招便是硬橋硬馬的亢龍無悔；但要扭轉乾坤，還需輔以軟措施。

我出席過各類演講，主講人在說到某些「鼓掌位」時，總是吊高嗓子然後稍作停頓，在座觀眾收到這個「明示」後會一齊熱烈鼓掌。在沒有明示之下、全場觀眾發自內心地在剎那間不約而同爆發熱烈掌聲的場合，我只見過兩次。現談其一。兩年前，香港團結基金推出大嶼山東南海域進行半個九龍面積的大填海建議，以容納逾 100 萬人居住。這是扭轉乾坤之舉，但需時 20 年，對年輕人來說，是永恆的等待。在發佈會上有多人發言，但唯一毋須明示而剎那間引爆全場掌聲的，是胡應湘先生。他說：大填海所需的甚麼環境評估等，全是人為障礙。清除了這些障礙，從項目拍板到市民上樓，只需兩年！此言一出，我和在場所有人都不禁熱烈拍掌，當日的興奮和憧憬，至今難忘。但「明日大嶼」的前期研究撥款，在兩年後的今天還在等待下屆立法會（或「臨立會」）審議。兄長式管治下，豈容如此無能？

國家速度填海建屋　給市民「擁有感」

硬件方面，兄長模式是國家速度。以國家的基建實力，期以四年，明日大嶼定可讓輪候公屋的市民上樓，而且可有大批餘額，讓公屋現有戶遷入，騰空的公屋，可以把兩間相鄰的單位打通合併為一，令每人居住面積超逾新加坡的公屋，然後以合理價錢售給公屋戶，讓他們擁有自己名下的安樂窩，有「擁有感」才有幸福感。

年輕人定罪後　宜以教育取代懲罰

軟件方面，兄長管治必須寬容。過去一年在社會運動中被捕的逾 3,000 名年輕人，都是啜着美國奶汁長大，他們被誤導，是成長的必然。他們被定罪之後，在不影響法治原則、不影響「每個人要為其行為負責」的原則之下，宜以教育取代懲罰，給他們一個機會和香港一起重新上路。此舉能啟動香港整體的包容和諧幸福感。

曠世巨著《紅樓夢》裏賈寶玉和林黛玉之間千言萬語，但最刻骨銘心的是在第 32 回寶哥哥對林妹妹說的三個字：「你放心。」這三個字亦是香港廣大市民所渴望的。只要北京和特區政府切切實實幹幾件感動港人的大實事，讓香港市民感到幸福快樂，則香港這本難懂的書，會是《中國夢》閃爍全球的開卷第一章。

（原刊於 2020 年 8 月 6 日《明報》）

香港為何落得如此田地？從殖民地時代說起

香港落得如此田地，黃營有黃營的怒，藍營有藍營的怨。原因是香港的政治轉型，過急過猛地擺向偏頗的方向。

在殖民地「虎爸式」的家長管治下，倫敦空降一名聞所未聞的外籍人士來港做港督，港人不敢吭一聲，貼貼服服，沒有「反對派」這個名詞。回歸後，變天了，港人當家作主了！不要說第一任特首董建華被政府內外夾擊得舉步維艱，連第三任特首梁振英都在立法會被人公然以飛杯侍候。現任特首林鄭月娥，是公務員體系精英中的精英，卻因黑暴一役而以淚洗面。與殖民地港督的尊嚴相比，是天淵之別。

香港為何落得如此田地？

回歸初期，因工作關係，我偶然會就某些操作性的小事徵詢中聯辦意見。當時中聯辦主任是高祀仁。數次和中聯辦溝通所得總是標準答案：這是香港內部事情，中聯辦不便提意見。那個年代，中聯辦鮮有見報。國家衷心給香港高度自治，讓港人治港，讓港人當家作主謀取幸福。於是港人捲起衣袖，大幹一場。

結果 23 年來，先是幹得家嘈屋閉、永無寧日；繼而幹得壁壘分明、親友反目；玩得興起便來一個非法佔領中環，然後旺角騷亂、再來佔領校園、封鎖公路、擲磚燒人、奔向「攬炒」的「宿命」。

究其原因，由英治時期空降港督過渡到所謂的「我要真普選」，是翻天覆地的政治轉型和極速的權力重新分配，這過程制造了爆炸性的政治參與機會。還在求學階段或剛畢業的青年才俊，除了幾場抗爭體驗之外毫無業績，卻在選舉中大面積高票當選。除了香港之外，借問普天之下何處的民主選舉能提供如此黃金機會嗎？

在歷史長河，成熟穩固的政治體制從來不會提供這樣的爆炸式黃金機會，這只能是政治轉型期的過渡現象。全球國家能長治久安的只有兩類模式。一類如北歐、澳洲、新西蘭，另一端如中國、新加坡。其餘的模式均屬在兩極之間遊走的轉型期，是先天性不穩定的過渡狀態，直至成功轉型為上述兩類模式。香港政治鐘擺既急且猛地擺向民主極端時終於碰壁，然後轉向，鐘擺急速地擺向另一端。

過去三個月，中央及特區政府推出一系列強勢措施，包括火速通過國安法、成立國安公署、“DQ”（Disqualified，即被褫奪資格）12 名立法會候選人、發出「港獨」通緝令，以及陸續有來的一連串措施。中央明顯是鐵了心要在 2022 年初的下任特首選舉之前，全盤清理多年來積聚的餘毒，強化制度秩序，重樹管治威信，嚴正執法以重建法治精神，更長遠一步是抓緊教育，不讓「違法達義」等歪理荼毒學生；構建論輿論陣地，不讓政治歪理模糊了對錯，以確保香港不會被「攬炒」。

要成功達至威權善治，需強而有力的執政聯盟。唯一出路，是強化政府的行政主導，其餘建制陣營，必須以政府為核心，有嚴明的紀律，清楚的問責，統一的路線。

香港的政治轉型是時勢所逼，必須輔以寬容理解。美國多年來在香港努力經營，以其全球輿論操控和溫柔的文宣，令港人自出娘胎便啜着「美國至上」的奶汁長大。過去一年在社會運動中被捕的逾 3,000 名年輕人，他們被誤導，是成長的必然。他們被定罪之後，在不影響法治原則、不影響「每個人要為其行為負責」的原則之下，宜以教育取代懲罰，給他們一個下不為例的機會，和香港一起重新上路。此舉能啟動社會癒合，消除社會戾氣。

香港的 GDP 高踞全球前列，但香港人的「快樂指數」較有些第三世界地區還低。在「Gallop 2020 快樂指數」涵蓋的 186 個地區中，香港排 114，和巴基斯坦、委內瑞拉、南非等差不多。港人多年來非常不快樂，因居住條件實在太差。

兩年前，香港團結基金推出大嶼山東南海域進行半個九龍面積的大填海建議，以容納逾一百萬人居住。這是扭轉乾坤之舉，但需時 20 年，對年輕人來說是等於永恆。在發佈會上，合和公司前主席胡應湘先生發言表示，大填海所需的甚麼環境評估等，全是人為障礙。清除了這些障礙，從項目拍板到市民上樓，只需兩年！此言一出，在場所有人都不約而同熱烈鼓掌。但「明日大嶼」的前期研究撥款，在兩年後的今天還在等待立法會審議。威權善治下，不容如此無能。

只要以國安法的速度，以國家的基建實力，期以四年，「明日大嶼」定可讓輪候公屋的市民上樓，而且可有餘額讓公屋現有戶遷入，騰空的公屋，可以把兩間相鄰的單位打通合併為一，令每人居住面積超越新加坡的公屋，然後以合理價錢售給公屋戶，讓他們擁有自己名下的的安樂窩，有「擁有感」才有幸福感，才可長治久安。

威權善治取得了長治久安後，才可以視乎形勢，讓政治鐘擺，穩妥有序地擺向民主穩固。

（原刊於 2020 年 8 月 13 日《中環一筆》）

美國如何「教育」本港大學和媒體？

這是來自美國上周提前解封的機密文件：「行動目標：發展公開信息和私下信息，並支持相關活動，向所有國家宣示民主和自由的好處……提升美國在印太地區的參與，教育區內政府、商界、大學、中國海外留學生、新聞媒體，和普通民眾有關中國如何在全球使用壓迫手段和進行影響行動。」[1]

美國要當「世界教員」　講中國「如何壓迫」

這是來自美國國家安全顧問的「最高指示」。簡潔、平實。因為簡潔，故此對負責具體執行的部門來說，任務清晰，絕不含糊；簡潔得對如何去完成任務不作一字，所以執行部門有無限空間無窮彈性，可用一切手段去完成任務。因為用字平實，不作驚人之語，故此這項石破天驚的大陰謀，霎眼看來好像平平無奇，其實這是不折不扣的石破天驚。斯諾登於 2013 年爆料美國如何偷聽全世界，包括偷聽盟友。但這也止於偷聽，現在講的是「教

1　bit.ly/3qy6E11

育」全印太區：教育其他國家的政府、商界、大學、媒體。美國除了當世界警察，還要當「世界教員」。

這份機密文件註明 2042 年 12 月 31 日解封，但美國剛卸任的前國家安全顧問奧布萊恩卻罕有地提前約 22 年，於上周將這份秘密文件解封。我形容這份文件為「最高指示」並無誇張。奧布萊恩在解封這份文件時發表聲明指出：這份文件在過去三年來，是美國政府綱領性的指導文件，並獲特朗普批准，要求所有行政機關執行[2]。

奧布萊恩的聲明表示：「這份政策綱領指導了大量附屬性政策綱領和行動計劃，例如《美國對中華人民共和國的戰略方針》、《美國對中國經濟侵略的反制》、《美國對中國惡意影響國際組織的反制》等。這份綱領性文件以及相關的附屬文件，指導了美國傾全政府（whole-of-government）之力，來達至目標。」

美國「傾政府之力」與中國「舉國之力」實踐有異

美國的「傾全政府之力」與我國經常談到的「舉國之力」在觀念上類似，在實踐上不同。

中國的舉國之力是中央集中制，一旦統一全國戰略目標，便由上而下，制定統一行動綱領，層層下達，然後調動強大的組織力，做到方向一律，加上高紀律的執行力、做到步伐一致，將舉國力量的威力最大化。美國的「傾政府之力」是美式「民主自由」制，唯一統一的是戰略目標，至於如何達至戰略目標的具體操作

2 bit.ly/3sFqObi

手法，則絕不統一，反而是百花爭艷，萬馬奔騰；想組織亦無從組織，想高紀律亦無從紀律。

在目標一致的眾駒爭槽中，於是聯邦調查局把華裔麻省理工教授抓起來，商務部把華資企業趕出去，全是各級單位依法辦事，獨立運作，自發捍衛美國「民主價值」，不存在「有組織性」的打壓。以美國作為全球霸主多年養成的獨斷獨行文化，各州各市各鎮的事業單位在執行過程中，只會愈來愈激。因為最高指示會「撐」您。

我國的「舉國之力」和美國的「傾政府之力」哪一個強？首先，「舉國」和「傾政府」基本上不同。中國的「舉國之力」是傾政府之力加上全國 14 億人民之力。在疫情防控上，美國以全球最先進的科技、最富足的資源，然後傾全政府之力，但調動不到全民合作，在防控工作上焦頭爛額。我國則做到「全國為民，全民為國」，14 億人民以犧牲和堅忍，配合國家的防控措施，使疫情受控。東西方不少戴有色眼鏡的人士，認為西方民調機構發現中國超過 90% 人民認同政府工作，只是由於極權政府的威嚇和輿論監測下的愚民政策。其實以現今世代的資訊流通，間中就單一事件愚民一下還可以，要長期大面積愚弄 90% 人民，絕無可能。國家能夠調動全民為國，是因為首先全國為民，令人民清楚感受到全政府上下一心，為人民謀取最大幸福。

採用美國模式　中國才不會富強

「舉國之力」和西方國家傾政府之力的第二點不同，是「舉國之力」是舊中國經歷了列強入侵和一窮二白的慘痛後，新中國重新團結人民，將整體利益置於個人利益之上，透過集中力量辦大事而摸索得來的自創模式。西方國家自以為優越，認為中國落後，豈能承認中國制度優越之處？於是英國前首相於 20 年前「偷師」引入「全政府之力」這個概念，在他之前英美國家是沒有甚麼「傾全政府之力」這概念。但由於文化及制度不同，英美等國家只能學到「傾政府之力」而不能做到舉國之力。它們眼光光看着中國以舉國之力高歌猛進，如何是好？最理想狀態，就是中國採納西方模式，最好是美國模式，來一個中國式的「中國特朗普鬥中國拜登」，再來一個「中國的驕傲男孩」佔領人大會議，那麼西方國家便可以安心，中國永遠不能和西方平起平坐。

這是為何美國的最高指示說：要發展「公開信息和私下信息……宣示民主和自由的好處」。無可置疑，美國是真誠希望中國採用美國模式的，因為只有這樣，中國才不會富強。

中國剛剛相反，貴國奉行甚麼政治模式，是貴國自主選擇，中國絕對不會輸出中國模式。如果美國和印度等國實行中國模式，那還了得？

本港大學宜切實研究美國

話雖如此，美國要傾全政府之力，「教育印太區內政府、商界、大學、中國海外留學生、新聞媒體，和普通民眾」，其影響非同小可，絕對不能小覷。美國的種族亂局、選舉亂局、抗疫亂局、天文數字的國債，令中國不少「公知」誇誇而談「美國崩潰論」。英國從佔領全球四分之一土地面積和統治全球四分之一人口的大不列顛帝國，淪落到今天偈促英倫小島，是絕對的全面潰退，但潰退了幾乎 80 年，今天仍然發揮大國影響。以美國的實力，不崩不潰的龐大力量起碼能維持 80 年。

美國於 2018 年發出這項最高指示，其各類情治單位和獲官費支持的非政府組織如何執行落實，只需看看 2019 年的香港黑暴，便知一二。美國如何「教育」本港大學？如何「教育」本港媒體？這是既有趣、又有用的學術研究議題。可惜本港大學秉持殖民地時代的腦袋和靈魂，中國研究中心多的是，美國研究中心一所都無。與其在政府教資會和研究撥款機制下，把寶貴的資源投放在以西方心態研究中國，不如以香港獨有的優勢和國際聯繫，以客觀科學的學術精神，切切實實研究美國，啟迪世界民智，造福人類。

（原刊於 2021 年 1 月 21 日《明報》）

「佔中」發起人煽情背後的真相

原編者按：「佔中」九人案昨日（24日）判刑。當中，唯一「女主角」陳淑莊在開庭時呈上腦部掃描報告，因病情危及生命，腦部需做手術，法官接納並延至6月10日再判刑。戴耀廷、陳健民、朱耀明被判囚16個月，除朱耀明獲準緩刑二年外，其餘兩人即時入獄，由囚車送往荔枝角懲教所。戴耀廷在上庭前表明會就結果上訴；陳健民則指，會與律師商討後才決定。其餘五人中，張秀賢被判社會服務令200小時，邵家臻、黃浩銘、鍾耀華、李永達均被判入囚八個月，但鍾耀華及李永達獲準緩刑二年，邵家臻與黃浩銘即時入獄。

民運領導者鮮能承認自己的失誤

歷史的眼光從來冷峻，雖然凝視着的是慷慨激昂的自我犧牲，和動人心弦的偉大宣言。「佔中」發起人之一朱耀明牧師在法庭讀出他的陳詞〈敲鐘者言〉，期間數度哽咽，觸動無數香港心，法庭旁聽席上亦一片啜泣聲，叫人動容。親建制派媒體雖然一直對「佔中」搞手大肆抨擊，例如稱香港大學法律系教授戴耀庭為「戴妖」，但對朱牧，還是筆下留情，給了他應有的尊重，亦顯示出媒體的自重和得體。

朱牧慈愛和憐憫的目光，如何回眸歷史冷峻的凝視？朱牧充滿善良和愛心，對理想執着、對弱小社羣由衷關懷；他以 75 歲之齡，在爭取民主的漫漫長路上巍巍峨峨，義無反顧，讓人敬重。

法官判被告有罪，只有一個原因，就是被告犯了法。但是犯法的動機和原因，卻可以絕然不同。不同的犯法動機，會導致犯人絕然不同的心靈境界。存心作奸犯科的罪犯被判罪名成立時，總是俯首無言，亦有犯人被定罪後，向受害人和其家屬道歉。

「在我心中，在法庭的被告欄，是一生牧職中最崇高的講壇，死蔭的幽谷成就了靈性的高峰。在乖謬的時代，在專橫的國度，在扭曲的社會，我甘願成為一個勇敢的敲鐘者，喚醒人間昏睡的靈魂」。朱牧的〈敲鐘者言〉是這樣開始的。

這個關口，使民運領袖不可能承認自己任何失誤，因為一旦認錯，不但否定了自己的追尋，更嚴重的後果，就是使其追隨者所作出的一切犧牲，都被貶為基於錯誤追尋而作出的白白犧牲。這會摧毀民運領袖的道德力量，並否定自我價值，把崇高變為愚昧。心靈上的絕不妥協，拒絕承認「羣眾因我的錯誤而白白犧牲」這個心理關口，無論多麼偉大的領袖，都鮮能跨越。

這包括英國前首相貝理雅。2003 年美國為了石油美元霸權和小布殊競選連任的私利，捏造假證據，誣捏伊拉克擁有大殺傷力武器，欺騙全世界，並夥同西方國家包括英國出兵侵佔伊拉克，導致這個中東文明古國逾 50 萬平民死亡，國不成國。

13 年後的 2016 年 7 月 6 日，英國發表官方調查報告，指貝理雅扭曲情報，以支持出兵。面對鐵證如山，貝理雅在記者會含淚道歉：「我在此表示的痛苦、難過和懊悔，超過你們所能想像和相信的。很明顯，我們當時所得的情報是錯的，但我不接受在伊拉克陣亡的 (179 名) 英軍，是『白白枉死』這個說法。」

正是這個關口，雖然含淚道歉，但貝理雅仍然不能跨過。這些陣亡英軍的墓誌銘是這樣說的：他為了保衛家國，為了讓世界免受恐怖襲擊，為了世界和平，他勇敢地犧牲了年輕的生命。

雖然含淚，但所謂「犧牲」的真相難以啟齒：你的陣亡，是因為我們愚昧地誤信了美國的偽證據。你並非為國捐軀，因為英國從未受到伊拉克的威脅。這是違反人道的血腥侵略。你在戰鬥中所殺的，亦非你的敵人，而是無辜的平民。你是白白的枉死了。這是愚昧的、無謂的犧牲。

但是這樣的論述，對「為國捐軀年輕英雄」的父母妻兒和廣大國民，情何以堪？為了民主運動的不斷承傳，所有的犧牲，必需賦予崇高的理想。論述中的犧牲越大，則民主運動和其追隨者的悲情越深，使抗爭的力量更大，促成更大的犧牲，這樣的循環才能持續。

「佔中」者能否承認錯誤？

「佔中」領袖並無好好守護我們學生。香港大學女學生許嘉琪因參加「佔中」所誘發的旺角騷動而被定罪，現時仍然在坐監；另一港大生梁天琦，同樣因旺角騷動被判監六年。青年學生因犯法而坐牢，前途盡毀。

對此，「佔中」發起人沒有表示過一絲歉疚。7,000 多字的〈敲鐘者言〉，沒有一字歉疚。因為被犧牲了的青年刑滿出獄時，頭上一定要帶着英雄義士的光環。這是民運領袖對他們唯一可作的憐憫、交代和鼓舞；亦是民運領袖潛意識下唯一可作的自我心靈交代，否則情何以堪。

〈敲鐘者言〉說：「或許你們會說，我們的問題，乃來自『公民抗命』。錯了！我們的問題，乃來自『公民從命』。這種從命，讓世上無數的人屈膝，被捲進死傷以百萬計的戰爭。這種從命，讓世上無數的人對貧窮、飢餓、愚昧、戰禍與殘暴無動於衷。」

我不曉得〈敲鐘者言〉為何在陳情香港「佔中」時要用到「死傷以百萬計的戰爭」這樣的描述。合乎這個資格的國家，當今天下，只有美國。而本港民運人士跑去外國「告洋狀」的民主理想國，正是美國。

我作為一個普通教育工作者，自認此生做過無數錯事，令我深感悔疚。而我亦確信朱牧一生為善，這麼多年來做過的唯一錯事，可能就是因為發起「佔中」而導致不少優秀青年要坐牢、令他們前途盡毀，亦導致不少學生以為暴力衝擊是對的，以為犯法是對的，扭曲了大批青年對是非黑白的價值觀。

〈敲鐘者言〉結尾說「我們沒有後悔，我們沒有遺憾」。作為教育工作者，我希望朱牧對我們大好青年因「佔中」而前途盡毀，會表示一句悔疚。

「佔中」期間有多少老人家因交通影響而 2 個多月不能如期前往中西區看醫生，因而影響病情？我作為小市民希望朱牧會對此感到遺憾。「佔中」使普選特首更加遙遠，我希望朱牧會承認戰略的失誤。朱牧作為善良慈愛、睿智而謙卑的牧師，由他確認

「佔中」對青年人及其他的負面影響，啟蒙青年不要再錯，是對歷史的凝視作出慈愛和負責任的回眸。

（原刊於 2019 年 4 月 25 日《中環一筆》）

誰會侮辱國歌？

「起來！」是國歌起點；「進！」是國歌終點。這三個字道盡中國人二百年來的經歷，是傳播史上含意量密度最高的文字。我們從西方列強炮火下的灰燼爬起來，1949 年在艱苦中站起來，在改革開放中勤奮地富起來，在韜光養晦中紮紮實實地穩起來；今天我們平和而堅定地強起來，然後我們會在綠色生活和不斷推動自由民主人權中美麗起來。歷史進程自有其步伐，精彩有序。

三個字道盡中國人二百年經歷

沒有人民，何來國家。國歌是中國人的歌、香港人的歌。香港人是這三個字的親歷者，是從爬起來到美麗起來的參與者、貢獻者、受益者、承傳者。這三個字濃縮了中國近代史，亦濃縮了香港近代史。國歌是我們的歌。

國歌初稿的結尾原是「前進！前進！前進！」但三個不斷「前進」的氣勢豈能煞停。作曲家聶耳於是神來一筆，在原詞的三個「前進」後加了一個「進」字。單獨一個「進」字，沒有之前，沒有之後，自成永恆，是國歌的完結，卻非前進的終結。將旋律和歌詞所表達的不斷前進開拓成為無限，是傳播史上發揮得最意境無盡的一個字。

香港是列強炮火的第一個獵取物。「今大皇帝准將香港一島給予大英國君主暨嗣後世襲主位者常遠據守主掌，任便立法治理」。這是 1842 年簽署的《南京條約》原文，是中國近代史第一份不平等條約，主角是香港。

今天看來幾乎是事不關己的歷史冷知識，回首當年是驚天大新聞。一旦用「今日新聞」的思維去重讀這則條約，才驀然驚覺事件的震撼。當年港人突然從報章看到我們這個溫馨家園美麗小島已被「給予大英國君主」，會有何反應？把「香港一島」給予外邦，像是交出一件死物，無視島上人民意願。如果發生在今天，建制派和非建制派定必同仇敵愾，磚頭和刀棍齊出，誓死守護我城。

當年中國人民確實誓死不屈。鴉片戰爭時英國一名海軍艦長寫下侵華回憶錄，筆者節譯如下：

> 我看見很多老人、婦女和小孩都互相割斷喉嚨死去，還有大批的人投河自盡⋯⋯我在一所房子看見二十具屍體，全部是婦女。幾乎每隔一座房子就有自殺的人。我看到很多不幸的婦女，其中有些婦女長得很漂亮，衣著各有不同。其中兩名顯然是出身名門的淑女，面上塗滿黑灰以掩蓋她們的美麗，但這種偽裝逃不過好色之徒的眼睛⋯⋯即使是鐵石心腸、閱歷最老、以殺人盜劫為生的人，看到這樣悲慘的景象，也難以無動於中。[1]

---

1 Granville Gower Loch (2013), *The Closing Events of the Campaign in China: The Operations in the Yang-Tze-Kiang and Treaty of Nanking*. Cambridge University Press.

這名英國軍官寫的是南京——這座因屢遭外邦蹂躪，因為大屠殺、因為烈士陵墓而聞名的古城。但人民的哭泣，豈止南京？

當年英軍初時何不直取香港，而讓香港得以暫避炮火？這要感謝銷毀鴉片的民族英雄林則徐。他立下決心，不禁絕鴉片誓不回京。他預計到虎門銷煙定必導致英國軍事報復，於是一早便招攬英文翻譯，讀洋書以了解英國，洞悉其策略，並培訓精銳之師和建設防禦工事，在廣東沿海一帶練兵佈防。英軍見林則徐軍紀嚴明士氣高昂，故此不敢來犯，避開廣東和香港而揮軍北上，直取福建和浙江，幾經轉戰後兵臨南京，最終清廷割地賠款交出香港。

林則徐是大英雄，其事蹟值得香港青年了解。天安門人民英雄紀念碑基座八塊巨型漢白玉浮雕的第一塊，便是紀念林則徐虎門銷煙。共和國成立後最具象徵意義的紀念碑居然銘記了一名前清大臣，足證林則徐功勳和其品格高尚。香港沒有忘記他。大學時代我多次作義工前往石鼓洲戒毒所工作，在島上驀然見到供奉林則徐的小亭，讓我有機會憑弔這位中華英雄。今天島上的林則徐紀念亭是舊亭新建。石鼓洲今天仍然是禁區，理應適度開放，讓更多學生可前往參觀憑弔，以作歷史教育。

鴉片戰爭之前中國經濟全球第一，出口遠超進口，亦像今天一樣是世界最大市場。當時英國工業革命使之成為世界工廠，龐大的生產力需打入中國市場。但中國自給自足，其樂無窮，毋須英國貨。而英國卻需進口大量中國茶葉和絲綢等產品，造成英國難以承受的貿易逆差。今天美國用印鈔票和發國債來應付貿易逆差，搞不好便打貿易戰；當年英國沒有今天的金融工具，大量給中國人餵鴉片，便代替了印鈔和發國債，鴉片被禁便出兵。

今天我們經歷的一切是過去的延續。今天沒有鴉片戰爭，但來了芯片戰，我們還是要忍氣吞聲簽下不平等的城下之盟。中興通訊作為龍頭企業，輸了芯片戰，於是要和美國簽署和約，聽命於美國而改組董事局，讓美方人員長駐公司總部，有權獲取內部文件和資訊。這是 21 世紀的不平等條約。

加諸中國身上的各式各樣不平等條約和安排，從未停止。在國際間交流合作和合規安排上，包括科研、航空航天、海洋極地、金融經濟貿易文化等所有領域，對中國的排擠和壓制比比皆是。香港在英治時期發展了一套獨有的制度和文化，盡吸西方之長，並得國家眷顧，再加上港人奮鬥，讓香港屢創奇蹟；回歸後的一國兩制更使香港兼備中國和西方之長而盡得風流。反觀西方的不同民主制度深陷泥沼：英國脫歐公投突顯了羣體決定的飄忽，叫英國以後都不敢輕言公投；美國的民主困局亦催人重新思考美國式民主的不足。香港的一國兩制加上中國模式的支撐，是近代政治學上少有的成功政治創新。

國歌絕非抗爭目標手法

由鴉片戰爭到新中國成立 100 多年間，列強在中國土地進行的戰亂加上中國的內亂從未停息。換了他國， 100 多年的動亂早已肢解了國家。今天國家能夠不倒，是奇蹟；能夠富強，是史無前例。人民所受的傷痛亦是史無前例，但今天我們知道南京發生的一切不會在我們國土重演。

國家今天欣欣向榮，但局勢之嚴峻不亞當年。在邁向美麗中國和美麗香港的路途上我們只是剛剛起步，有太多不公義需我們發聲和抗議，有太多目標需我們奮鬥。值得我們抗爭的目標很多，手法選項亦多。但國歌絕非目標，亦非手法。它包涵了我們的傷痛、奮鬥、期盼和美麗。是我們的歌。明白了這點，誰會侮辱國歌？

（原刊於 2019 年 1 月 24 日《明報》）

為何香港孩子不愛國？

「愛國」放諸全世界任何國家地區，都是高貴的情操，唯一例外是香港。在香港高呼愛國，可能被打。香港青年為何這樣仇視自己的國家？

不但仇視國家，還仇視母語。來自中東的研究生對我說：「我在清華大學唸了七年書，能說流利的普通話，但我在香港不敢說普通話，因為擔心安全。」這位研究生棕色皮膚一臉鬍鬚，一看便知非我族類，但竟然因危機管理而不敢說普通話。連「老外」都不敢說普通話，難怪內地女學生告訴我：她們穿衣力求和本港時下的女文青一樣，在街頭或坐港鐵時絕對不談話，以免被人聽出是內地人。「精神壓力很大。以往周末我們總是四圍去認識香港，現在支持不住，周末要回深圳才能減壓。」

「修例風波全是特區政府搞出來的，關內地人甚麼事，為何會異變成為仇恨內地人、大面積破壞中資機構？科技大學學生之死，這不是大學的錯、不是校長的錯、不是內地生的錯，為何要圍堵校長、破壞校園、毆打內地生，使他們要『逃亡』返內地？」同學的一連串問題，讓我啞口無言。

10 年前，一項全球最大規模的跨國學生調查《國際公民教育研究（ICCS）2009》，發現逾 80% 的香港中二學生熱愛國家；79%

表示以「身為中國人」為榮。這是令人歡欣的數字。2009 年前後發生兩件事。之前一年是 2008 年北京奧運和汶川大地震。奧運盛事讓港人對國家感到無比驕傲，汶川地震令港人感同身受，大規模捐款救災。2008 是香港自回歸以來國民意識最高的一年。

修例風波充分顯示通識科必須改

翌年，本港中學開始推行通識教育（高中必修科），從此香港青少年對國家民族的認同，每況愈下，如果今天進行類似調查，結果會是慘不忍睹。全球所有國家和地區，均設有不同形式的國民教育。香港雖已回歸祖國，殖民地教育餘毒卻根深柢固，是最需要有國民教育的特別行政區，但卻反其道而行，不設國民教育科必修，而讓通識教育變成與中、英、數這三大巨頭鼎足而立的必修必考科。

通識科與所有其他中學科目不同，不論是中、英、數、理化或文史、地理，均有一套完整的學問體系，而且內容以客觀事實為基礎，不涉及意識形態。唯獨通識科，大量採用新聞時事和社會議題作教材，直接影響青少年意識形態的形成。通識科老師立場各異，各師各法，唯靠課程標準和完整的教材來作小小的彌補。偏偏通識科卻享有特權。高中學科 24 門，連「旅遊與款待」等非傳統中學科目都由教育局設定「課本編纂指引」作為標準，教科書要提交教育局審核。通識科這門對學生影響最深遠的科目卻不設標準，亦沒有教科書要審批，直到早前才表示搞一個「自願參與」計劃，讓通識科教科書自願送交教育局作「專業諮詢」。這豈能保障課程質素？

通識科，以社會議題為主的浮光掠影學科，竟然能夠於短短10年間，不但從無到有，更一躍成為高中生晉升大學必修必考的四大科目之一，這反映通識科老師影響力之大。但修例風波一役，充分顯示通識科必須要改。我認識不少同學對意見紛陳的通識科深感厭煩，希望改修紮紮實實的學科，為何不給他們選科的自由和權利，而強迫他們不但要唸，還必定要考？將通識科從必修必考改為選修科，是理所當然。

「意識形態」威力無窮

修例風波亦突顯出「意識形態」這個虛無縹緲的名詞的威力無窮。它可以叫我們青年火燒政見不同的陌生人，可以叫十多歲的孩子不怕犧牲上街抗爭。意識形態對人的影響超越理智，成為主導個人政治思想和社會行為最大的因素。意識形態一旦形成，個人對政治議題的評估便不會由理智去明辨，而是由意識形態去決定。香港的家庭鮮會和十來歲的孩子談政治，孩子的極端意識形態除了教育之外，便是來自新聞媒體、社交媒體和朋輩。媒體方面的第一元兇是對假新聞的放縱。

放諸現在香港的亂局，在中央反覆強調「止暴制亂」是香港第一要務的大前提下、在習近平對林鄭清楚表示要「止暴懲暴」的情況下，動亂卻依然持續未止，箇中原因亦是因為「止暴制亂」未能成為全港民心所向。一旦在意識形態上定了是「黃營」的，便不論個別抗爭者如何對錯，都會理解。在此情況下，任憑能調動多麼強大的維穩能力，亦充其量只能做到表面的止暴制亂；要創造「黃藍」和諧的長治久安，唯靠贏取民心。這需要有效應對蓄意抹黑的偽新聞和散佈仇恨的言論。

偽新聞並非香港獨有，全世界都面對偽新聞的衝擊。但面對鋪天蓋地的偽新聞，香港的無為之治卻是國際少有的。香港理應向西方自由民主國家學習。

需有效應對偽新聞、散佈仇恨言論

西方民主國家中，法國、德國和美國已經通過法例打擊散播偽新聞。意大利、英國、加拿大和澳洲亦已啟動有關立法工作。法國的條例於去年 11 月通過，開宗明義說明其目的是保護民主，以免其受到蓄意散播的偽新聞衝擊。條例並特別針對意圖影響選舉結果的偽新聞散播。香港經常引以為學習對象的新加坡，亦於今年 5 月通過反偽新聞法例，違法者可被判監 10 年；違法媒體可被罰款 100 萬新加坡元（約 575 萬港元）。

德國的法例使資訊平台必須負責刪除「非法信息內容」。而「非法內容」包括仇恨言論和煽動暴力的言論。任何社交媒體如於收到投訴之後 24 小時之內未能刪除非法內容，可被罰款 5,000 萬歐元（約 4.3 億港元）。這類監管，正是香港所欠缺的。

美國於 2017 年通過《國家防衛授權法》（National Defense Authorization Act），與其他國家不同之處，是美國重點不在於界定何謂偽新聞，而是針對「影響美國安全而來自境外的國家或非國家宣傳和資訊行動」。像目前香港「自媒體」不少偽新聞，絕對不會容許在美國出現。

（原刊於 2019 年 11 月 14 日《明報》）

我們選擇抗疫還是抗爭

面對大規模傳染病爆發，最重要的抗疫必需品不是疫苗口罩和醫院牀位，而是公眾對政府的信任合作，以及上下一心團結抗疫。但 7 個多月的政治動亂，使香港人不信任政府、不配合政府抗疫措施，更把肺炎抗疫與政治抗爭掛鈎，使香港在抗疫路上舉步維艱。

抗疫剛起步　人心卻滿目瘡痍

疫情爆發今天只是初期，抗疫亦只是剛剛開始，香港最需要的是鬥志高昂、團結一致，利用香港信息自由、醫療先進、公務員高效，和市民教育水平高的優勢，打一場勝利的抗疫仗，成為全球抗疫的典範。更進一步的理想狀態，是透過抗疫的和衷合作，使黃營藍營和政府重拾互相尊重，重新認識「香港只有香港營」，把疫情爆發轉化為政治團結的契機。但事實卻是剛剛相反，抗疫剛剛起步，港人的團結和人心卻已是滿目瘡痍。

世界衞生組織於多宗大型國際傳染病和 2003 年沙士爆發後總結了大量經驗和研究之後，確定了高效的信息傳播是成功抗疫的核心策略工具，這不單是為了滿足理論化的公眾知情權，而是成功調動一切資源和動員全民配合抗疫的必須條件。而抗疫傳播的首要基礎，是公眾對政府的信任。連續七個月的政治抗爭，使公眾對政府的信任跌至谷底，使政府的抗疫措施頻遇阻力。

在武漢爆發肺炎初期，已有網民發動「和你咳」行動，呼籲抗爭者前往酒樓食肆商店街頭等到處進行咳嗽大行動，以作為抗爭手段。他們打響了抗疫抗爭一體化的第一炮。然後是一羣醫護人員要求政府封關，否則罷工。罷工限期未到，有抗爭者在明愛醫院放置土製炸彈，並表示可能會把炸彈行動升級。

既然把抗疫和政治抗爭掛鈎，特區政府當然難逃被批鬥的命運。翻開主流媒體，盡是對政府不留情面的謾罵：「港府被斥把關散漫衰過沙士」、「政府失信釀災難」、「抗炎大開門戶市民死活不顧」、「廢官避事令人扯火」、「醫護擬下月初分兩階段罷工」。政府在四方八面都被罵得六神無主。醫管局質素及安全總監鍾健禮在記者會表示：符合呈報機制的非本港居民患者，按政策可獲豁免醫療費用。他解釋，相關病人求診對患者自身有益外，對港人亦有重要利益，因此舉有助防止社會傳播。他的解說合乎情理、有科學根據，亦按現行政策，但卻換來「無眼睇」的謾罵，認為他的說法會導致各省市病人「湧來香港」，最終政府要改為向這類病人收費。

政府須重拾港人信任　取決於三大關鍵

香港地小人多，醫院擠迫，為了應付疫情需要而尋求適當地點作必要時隔離用途，此舉亦合乎科學。但在抗疫專業團隊動輒得咎的情況下，政府原本擬定將粉嶺尚未入伙公屋改裝作隔離用途，卻因為附近居民縱火堵路和破壞，令政府放棄該計劃。這正應驗了世衞組織的結論：公眾的信任，是有效防疫的基礎。抗疫只是剛剛開始，政府必須重拾港人信任。

港人的信心不會自動歸來。重拾港人信任，責任在特區政府。重建信任毋須求任何創新舉措，惟靠行之有效卻沒有貫徹落實的方法。疫情爆發時公眾對政府的信任，取決於三大關鍵：公眾對政府「動機」的感知、公眾對政府「誠意」的感知，和公眾對政府「能力」的感知。這三方面說的是感知，涉及的不單是客觀上的認知，更重要的是主觀的感覺。特首林鄭月娥從來是擅長於解決認知爭議，短板於解決感知議題。這方面的短板，她必須檢討。

港人對政府抗疫的目標當然不會懷疑。但對個別政策舉措背後的動機可能會有不同解讀。例如政府對全面「封關」的猶豫，可能令部分港人覺得是出於內地與香港關係的政治考量，而非純粹基於科學和醫學的考慮。內地史無前例的封城封省，主要是力守孤城以防疫情向外擴散，是負責任的利他表現；香港如果封關則是預防病疫流入的利己行為，內地與香港的關係，自然應該有所顧及，否則是失職，但同時對港人亦影響深遠。政府在此議題和其他涉及與內地關係的議題，必須作出清楚而強而有力的解說，為何在顧及所有因素後，政府的決策是最有利於香港。如果公眾對政府的動機亦有所懷疑，豈能奢望他們配合政府的舉措？

林鄭短板：用認知的態度　回應人民的感知

公眾對林鄭政府「誠意」的感知如何？讓我們先看看林鄭如何回應醫護人員威脅罷工以催逼政府全面封關。她說：「我回想

17 年前沙士期間，我係社會福利署署長，當時大家都是全情投入，不會因為社署會做多咗工作而叫醫院自己搞掂，而是每一個部門，每一位專業朋友都行多一步。」她希望，如果有醫護人員擔心工作量及裝備是否足夠等，應開心見誠與政府商量，「而唔係下下都要用激烈行動，可能在過去 7 個月，大家習慣了用激烈行動」。

這是林鄭一向的短板：用認知的態度，回應人民的感知。她需要的，是對自己思維方式來一個重新認知。她從求學時期到成為特首的畢生學習所得，都清楚告訴她：她是對的，這羣醫護是錯的。這可能是認知上的客觀事實。但同樣是客觀事實的區議會選舉結果顯示香港逾一半選民會認同這羣醫護。這 160 多萬選民之中不乏智商情商高過林鄭的人才。他們為何居然認同暴力抗爭，這一點林鄭永遠不會明白，亦毋須明白，但必須時刻緊記和接受：160 多萬選民自有他們的原因。正如這 160 多萬選民永遠不會感知為何會有逾 120 萬選民反對「崇高」的抗爭。有了這樣的感知，林鄭便當戒掉她的語帶譏諷，拿出「我不明白但會緊記和接受」的誠意，讓重拾信任成為可能，讓抗疫能夠得以成功。

（原刊於 2020 年 1 月 30 日《明報》）

救救孩子！控訴通識科

為甚麼數以千計的暴風少年在香港浴血街頭？甚麼仇恨讓他們凌虐白髮長者？13 歲的學童為何要焚燒國旗？為甚麼數以十萬計的香港青少年仇視國家？香港孩子大規模熱血街頭，虔誠地相信自己的崇高和正義。我近距離感受到他們天真虔誠的義無反顧；望着他們年輕的面孔，我見到的是憤怒和仇恨。我豈能怪罪他們？他們是我們教育出來的！

知錯能改，但他們覺得自己對，豈會改？為甚麼在對與錯這樣基本的問題我們立場竟然完全相反？這明顯不是個別學生的問題，而是我們的教育和媒體生態出了問題。我們的教育，在學生的腦袋種下根深蒂固的偏激。教育如不改革，暴風少年的問題，將會永續。教育改革千頭萬緒，但起點很清晰：通識教育。傳統科目如語文數理化文史地理不會讓學生變成偏激。通識教育會。

考評局前通識科目委員會主席賴得鐘老師最近因發表「黑警死全家」的仇恨言論，遭教育局發出譴責信。此非單一事件。早於 2016 年，香港通識教育教師聯會發表聲明謂：「即使暴力抗爭，教育界已早有共識，討論時教師必須秉持中立、為學生提供正反均衡的意見。」該聯會竟然要通識科老師與學生討論暴力時「秉持中立、為學生提供正反均衡的意見」。暴力是中性的？有正反均衡的意見？老師為學生「提供意見」的時候，對暴力的負面評述，必須用同等份量的正面評述來均衡它？暴力有無限空間來作正面論述？正面看是暴力，側面看是俠義？街頭暴力如是、校園暴力如是、性暴力如是？

三年前的因，三年後的果。三年前通識教聯作出遺害深遠的聲明。當年我數度撰文要求該會撤回聲明，但今天這篇鼓吹對中學生「秉持中立」地灌輸暴力概念的聲明，依然在該會網站大義凜然地指導着通識科的老師，並誇稱這是「教育界的共識」。見微知著，通識科的偏頗，可見一班。老師的教導，對學生影響深遠。我沒教過中學通識科，只教過大學通識科。在一些難定對錯的意見爭議中，課堂討論完畢時學生最心急想知道的，是老師最終的立場，因為學生普遍認為老師知識廣博。我教通識的第一課，總是貌似中立地刻意誤導學生達至偏頗的結論，讓偏頗的結論成為全班一致共識之後，才拋出更穩妥合理的相反意見及理由，讓同學恍然大悟，重新達至一個與前相反的新共識。如果不拿出另類更穩妥的意見，偏頗的結論便成為學生帶走的知識。大學如此，何況中學？

通識科老師立場各異，各師各法，唯靠課程標準和完整的教材來作小小的彌補。偏偏通識科卻享有特權。高中學科 24 門，連「旅遊與款待」等非傳統中學科目都由教育局設定「課本編纂指引」作為標準，教科書要提交教育局審核。通識科這門對學生影響最深遠的課目卻不設標準、亦沒有教科書要審批，教育局一句「校本政策」，便對這門塑造心靈、必修必考學科的教材撒手不管。這是上屆教育局的失職。直到本週初，才表示搞一個「自願參與」計劃，讓通識科教科書自願送交教育局作「專業諮詢」。這是現屆教育局的敷衍。通識課的引入，原本是因為當年中學生過早文理分流，導致他們知識不夠廣博，於是設計了這門綜合學科，目的是豐富課程的科學和人文內涵，讓學生文理兼備。但在實施過程中，通識科變了形、走了樣、背叛了初心。原本以廣博及綜合知識為本的學科，變質成為背離了一切知識體系、以時事新聞為主的自由發揮科。

通識科身份顯赫，是高中生進升大學必修必考的四大科目之一。其餘三科是中文、英文和數學。中、英、數是日常生活必需品，必修必考實屬理所當然。通識科浮光掠影的討論，為何要必修必考？我認識不少同學對意見紛陳的通識科深感厭煩，希望改修扎扎實實的學科，為何不給他們選科的自由和權利，而強逼他們不但要唸，還必定要考？通識科教師聯會將暴力合理化，讓我記起兩年前港大女生許嘉琪在旺角騷亂中向警察投擲玻璃瓶而被判監三年，她聞判後潸然淚下，被押上囚車，送進監牢。今天的香港，暴力變成日常生活平常事，有多少港人因為暴力而流血或坐牢。他們的血淚，是對通識科的控訴。教育局要香港再流多少血淚，才會垂聽教育界的三個小小訴求，以救救我們的孩子：(一) 將通識科從必修必考改為選修科；(二) 為通識科制定清晰的課程指引和教科書綱目，而教科書及教材必須呈交教育局審批；(三) 將通識科的考試成績只定為合格和不合格。

(原刊於 2019 年 9 月 26 日《中環一筆》)

黑夜街頭的少年兵

伊頓公學向十三歲少年提的問題

> 時為2040年。倫敦街頭爆發暴亂，起因是中東石油危機導致英國汽油供應枯竭。示威者攻擊公共大樓，數名警員身亡。政府出動軍隊鎮壓，兩天後平定暴亂，25名示威者被軍隊所殺。你作為英國首相，請草擬一篇用作全國廣播的演辭，說明為何出動軍隊鎮壓是唯一可行方案，且是必須的和合乎道德的。

以上是英國最頂尖、最具貴族氣的名校伊頓公學數年前獎學金考試的一條題目，考生是約12至13歲的精英兒童。請不要說題目中「你作為英國首相」是太過假設性。這所公學出精英、出優秀、出了20名英國首相，包括前任首相卡梅倫和現任首相約翰遜。這條題目曝光之後，英國網民驚呼：我們的少年精英就是要在殺了25人後懂得找藉口開脫？難怪伊頓公學出產如此敗壞的政客！

在此背景之下，英國在處理近年最嚴重暴亂的真實業績又如何？根據英國官方數字，人口只是稍多於香港的倫敦於2011年8月的6天暴亂中，5人直接死於暴亂，包括被警方槍殺，4000

多人被捕，3103 名被檢控，2138 名被判罪名成立，平均刑期 17.1 個月。相對文明的香港，四個月的暴亂被捕人數約為倫敦被捕人數的一半，未有人直接死於暴亂。但兩地暴亂有一個驚人相似的地方，就是青少年的高度參與。

關鍵詞：敵人

倫敦暴動因與公共秩序有關罪行而被起訴的人中，有 27% 是年齡介乎 10 至 17 歲。而香港的動亂，若從開學以來計算，18 歲以下的被捕者近四成，而且有愈來愈年輕化的趨勢。於 10 月 6 日因實施《禁蒙面法》而引發的動亂中，有 10% 被捕者竟然是 15 歲以下。最年輕的只有 12 歲。而至今兩名被警方槍傷的示威者，一人 18 歲，另一名只得 14 歲。為何十餘歲的少年竟然走在暴力抗爭最前線？

英國名校叫 13 歲學童為導致 25 人死亡的軍事鎮壓尋找合理化的藉口，而本港的通識教育教師聯會則發表聲明，表示老師與學生討論暴力時需提供正反均衡的意見，而非向暴力說不。我們的教育制度，如何導致少年學童脫下校服換上全副武裝與警察血拼？甚麼仇恨令到我們的青少年，在敵人受傷倒地沒有反抗能力下，還要飛奔過去使勁踢他幾腳？

關鍵詞就是「敵人」。勇武少年換上戎裝戴上面罩，全情投入保衛家園的英雄角色。在烽煙遍地的戰場，對敵人仁慈就是對自己殘忍。受傷倒地的是敵人，不是一位「伯伯」。如果是伯伯受傷，香港少年會馬上協助；但如果受傷的是「敵人」，自然要確保敵人失去一切戰鬥力。在敵人倒地後補多兩腳，便成為武裝義士順理成章的職責所在，不存在良心和同情的考慮。

「道德脫鈎」的過程

暴風少年的問題跨越地域，在東西方地區都日趨普遍，故此學術界亦對這現象作出大量研究。其中社會心理學權威班度拉教授（Albert Bandura）對「道德脫鈎」理論有深入研究。他早於 1959 年出版了第一本書《青少年的攻擊》，另有著作《攻擊：社會學習的分析》。按照「道德脫鈎」理論，人類天性並無自然傾向去傷害別人，反而有清楚意識，知道與人相處的道德界線。這界線亦釐定了甚麼是文明行為，甚麼是違背了社會道德界線的暴行。如要對他人作出不人道行為，則肆虐者必須與本身的道德價值脫鈎，讓自己虔誠地相信自己所作的反文明行為誠屬合情合理。在具體操作上來說，要實現道德脫鈎，必須透過多個過程才能達到。這些過程包括：道德合理化、語言過濾、轉移責任、不顧後果。

要讓少年學生進行「道德脫鈎」，首先要將行動和目標合理化。例如和學生討論暴力時，要提供正反均衡意見，以消除學生對暴力的負面感覺，潤物無聲地讓暴力合理化，對暴力說「得」。又或不斷重複「制度暴力」，以突顯示威者同樣行使暴力是合情合理。第二步驟是進行「語言過濾」，篩走對暴力不利的語言，灌輸歌頌暴力的語言，例如「違法達義」、「勇武」、「義士」，將警察形容為「狗」、「黑警」，或者激進藍營稱暴徒為「曱甴」，都屬「語言過濾」的例子。青少年長期接受這樣的語言薰陶，其思想豈能不受影響？另一步是轉移責任，例如美國 CNN 新聞報道居然可以把示威者投擲汽油彈，扭曲為警員向示威者投擲汽油彈，在全球文宣上影響深遠，該電視台事後對香港警務處的一紙道歉，在全球觀眾中有多少人會看得到？

「不顧後果」是策動年輕人前仆後繼的動員令。「我以雞蛋撼高牆」、「兄弟爬山，各自努力」，最後是「攬炒」。慷慨激昂的動員令，讓少年兵懷着聖戰的悲情，虔誠地從後補上，靜悄悄地代替逐漸消失的正規軍。

英國第一名校向 13 歲少年精英提出問題，自有其深奧之處。該問題提出了軍事鎮壓所涉及的，不單是國家「需要」問題，更是「道德」問題。但該問題令人驚歎之處，是它居然不是「提問式」的問題：學校並非叫精英兒童分析出動軍隊鎮壓示威者「是否必須和是否合乎道德？」，而是毋須調動腦筋辯論「是否」，只需直截了當向全國說明「為何」：為何出動軍隊導致 25 名示威者死亡是必須的和合乎道德的。是句號，不是問號。

少年武裝文化蔓延原因之一：通識教育

建制派也好、反對派也好，對暴力的默默接受，讓少年武裝力量的文化從戰亂的中東和獨聯體蔓延到四個月之前還是太平盛世的香港，這是香港兒童成長過程中多樣複雜因素長期互動產生的結果。通識教育絕非唯一原因，但絕對是重要原因之一。英國在飽受「倫敦遊俠多少年」之痛後，推出多項計劃防止青少年激進化，例如 "Prevent" Project。通識教育老師看見自己學生變成少年兵，有何反思？

（原刊於 2019 年 10 月 10 日《明報》）

這位議員，
是精英還是政治流氓？

他是香港精英，貴為立法會議員和大律師，叫人三分敬畏七分仰慕。由去年十月立法年度開始至今，時間跨度逾半年，立法會內務委員會總共開了 15 次會，每次一個半小時，15 次都由他主持，15 次會議均只有同一項簡單議程：「2019-2020 年度內務委員會主席及副主席的選舉」。但是在這位精英大狀主持下，15 次會議就是選不出一位主席。

也並非選不出，而是乾脆不選、不投票。不選主席影響甚大，起碼令 14 條法案和 80 條附屬法例不能繼續其立法程序，如果繼續蹉跎，便要留待下屆新立法會上任後重新開始。但媒體一直以來沒把立法會內會停擺當作一回事，行政機關亦樂於恪守行政立法兩權分立，默不作聲，於是輿論場波瀾不興。結果要勞煩國務院港澳辦和香港中聯辦高調發聲明，批評這位公民黨立法會議員涉嫌公職人員行為失當。若非兩辦發聲，我也不知原來郭榮鏗議員創下了這項不選主席的壯舉。

過去的立法會

多年前我在立法會秘書處工作，直接和議員接觸。莊嚴的議事廳內，到處飄揚着睿智的施政和財政辯論，為港人謀福祉、為香港啟民智。離開這份啟迪了我的民智的工作崗位後，豐滿的得着使我一直保留對議會工作的關注。

那段日子我一有空便拋開一切，前往政府檔案處，埋頭翻閱自香港開埠以來立法會議事廳內的重要發言。那年代的發言全是英語，我經常工作至深夜，把篩選出來有歷史價值和語言文學價值的發言翻譯成中文，加上評述，打算編成中英文雙語巨著。「這本書既是文學、亦是政治、亦是歷史，定必成為暢銷書」，我在夜闌人靜獨自在窗前工作時總是沾沾自喜地告訴自己。

這些書稿仍在我書架上封塵。回顧輯錄了的立法會演辭，「遠古時代」的有議員於 1893 年就開發「女皇休憩場」（亦即今天維園）的發言；1899 年就香港大規模爆發鼠疫的發言；1908 年反對全面禁止鴉片的發言；「中古時代」的有 1932 年全面禁娼的發言，羅文錦議員於 1936 年就撤銷對中文報章新聞管制的發言；1939 年有關學生反日大示威的發言；1941 年港督羅富國就香港參戰的發言；1947 年港督葛量洪對戰後重建的發言等。

近代的有「千古罪人」彭定康就政制改革的發言；第一任特首董建華在立法會第一篇施政演辭等，是風雲時代的風雲紀錄。不論是殖民地的議會，還是回歸後的議會，都是歷史的參與者和締造者，推動社會前進。

但過去十年隨着「港式民主化」的步伐急速提升，議會的素質卻急速下降。我對立法會的業餘關注先感疲憊，後感厭煩。睿智和啟迪讓路給無理取鬧，扭橫折曲。立場控制了腦袋。為了選票，可以醜態百出。故此我放棄了對立法會的關注，對議事廳內發生的一切，一律視若無睹。議會的淪落，令歷史政治文學巨著無以為繼。

十五次會議，郭榮鏗做了甚麼？

但這次兩辦對郭榮鏗議員史無前例的嚴厲批評，重燃了我的好奇。立法會議員就職時要宣誓「盡忠職守」。為了弄清楚郭榮鏗議員有無盡忠職守履行議員職責，我雖然明知 15 次會議都是毫無意義的吵吵鬧鬧，也只好掏出耐心，逐一回顧 15 次會議的視頻記錄。結果是呵欠頻頻，看完之後腦海一片空白。

15 次會議，每次都清楚列明只有一項簡單議程：選舉內會主席和副主席。但他就是不處理議程，而是處理其他事物。這是蓄意阻撓立會運作。有無構成「公職人員行為失當」？這是法律問題，理想的做法是對其提出起訴，讓法庭作出裁決。但是撇開議會，放諸任何公私型機構，他的行為毫無懸念定必構成「失職」，在私人機構，他已被撤職。

機伶的賣弄背後是內心的虛怯

面對民情洶湧，郭榮鏗再以他的一貫專業機伶反守為攻。他曾兩度前赴美國，遊說美國制裁香港；是擺明車馬叫西方國家干預香港事務，並在面書發帖，稱獲美國副總統彭斯伉儷邀請出席在他們官邸舉辦的聖誕派對。「此時語笑得人意，此時歌舞動人情」的胡蘭成式獻媚躍然紙上。

然後面色一變，義憤填膺地說中央政府的代表機關無權「干預」香港事務。前上海市長汪道涵曾經笑謂我一位港大畢業的朋友說：「你們在殖民地教育下長大的，只有民族感，沒有愛國心。這是通病。」郭榮鏗明顯是既無民族感、更無愛國心。機伶的賣弄背後是內心的虛怯。「在議會內外，想做任何嘢去恐嚇我嘅話，我可以同你講：慳啲（省省吧）！」一向以精英語言來區別自己和其他市井議員不一樣的他，居然擺出一副政治流氓腔，讓人感到三分滑稽七分鄙視。

建制派議員構思了一連串「絕世好橋」以盡快選出內會正副主席。這又何必。立法年度還有兩個多月便完結，現在選不選主席亦無關宏旨。既然要流氓，就成全流氓的任務；請不要華麗轉身。整個立法年，選不出主席；讓這羞恥一幕，成為歷史小小的註腳。

（原刊於 2020 年 4 月 23 日《中環一筆》）

「洋紫荊革命」的白手和黑手

要打垮政府的管治意志，先辱其首；要顛覆社會秩序，先侮其兵。特首由企硬到一退再退，以至梨花帶雨，是「辱其首」。警總被圍，警隊一哥坐困愁牆，是「侮其兵」。兩者都別具象徵意義，目的是要製造「政府岌岌可危」的印象，亦使人民覺得世上沒有權威，甚麼都可衝擊。政府總部被迫關閉，行政立法兩會無法運作、治安部隊總部被圍、市民蜂擁上街、市中心癱瘓。放諸世界任何地方，都足以宣佈進入緊急狀態並調動軍隊維持秩序。

但香港自是不同，我們毋須啟動緊急條款，因為真正參與暴力衝擊的，是極少數人。絕大部分遊行示威者都是抱着和平理性的心態走上街頭。他們臉上沾滿了灰，但雙手不沾暴力，是白手，非黑手。

以預謀挑撥對立　引起大規模自發行動

綜合視頻所見，有極少數人隱藏於人羣之中，然後像收到信號似的突然同時發難，衝擊時身手敏捷，行動利落，面對警方鐵馬一躍即過，擲磚時手法純熟，衝擊時冷靜兇狠，攻擊完畢便迅速從人羣中消失。他們絕非我日常在大學遇見的學生，亦非我平時在街頭地鐵遇到的港青。他們是誰？有何背景？來自香港境內還是境外？

上周三，國務委員兼外交部長王毅在北京表示：一些西方勢力利用《逃犯條例》興風作浪，挑撥對立，企圖破壞香港和平穩定，破壞一國兩制。我們要大喝一聲：「請收回你們的黑手！香港事務是中國內政，香港不是你們橫行的地方！」

國家領導人首次正式、公開、強力地喝令西方勢力「收回黑手！」。特區政府如何回應？靜候他們乖乖收回黑手？

這些訓練有素的黑手有預謀地衝擊警隊，迫使警隊使用武力。但警隊居然再犯佔中時「先硬後軟」的策略錯誤。面對示威羣眾，應該是先軟後硬，示範警力的文明。到情況需要轉守為攻時所採取的武力，必須以阻嚇為先，循序漸進。但今次警隊受到黑手衝擊而使用的武力是快、狠，卻不準。「快」是催淚彈、橡膠彈、布袋彈很快便三彈齊發。「不準」是因為在兵荒馬亂之際殃及「手無寸鐵」的和平示威者。在全民監警的環境下「警方濫用暴力」的視頻迅速瘋傳，佔領了公眾眼球和腦海，誘發大面積的民憤，激發原本和平理性的愛港青年，都自發加入勇武抗爭。然後是中學生自發上街、家長自發上街，宗教界自發以唱聖詩的平和，突顯警力的粗暴。

以預謀的挑撥對立，從而引起大規模的自發行動，然後是預謀和自發有機結合，使這次抗爭有了自己的生命力，遍地開花，這是顏色革命的一貫套路。但香港還是依着黑手制定的「洋紫荊革命」劇本一路走下去。

不先徹查黑手　誇談甚麼獨立調查？

研究顏色革命的暨南大學新聞與傳播學院吳非教授一針見血地指出：「現在改變政權已經不是西方國家……的目的，因為風險太大，顏色革命已經成為西方國家與爭議國家談判的底牌。」[1] 這是香港身處的大背景。

西方勢力已公開把香港變成和中國交手的底牌之一。這亦是王毅要走到台前的原因。目前黑手所做的，只是叫牌：我們有能力拿下香港，就算未能拿下，也可以叫中國和香港付出沉痛的代價！回歸 22 年，香港誰主浮沉？如不先徹查黑手是誰，誇談甚麼獨立調查？

過去 20 年西方勢力所策動的連串顏色革命，顛覆政權製造混亂，害得多國民不聊生。這次在港策動的風波，以及「初誘發、後自發」的排山倒海動員和輿論攻勢，以特區政府脆弱的政治動員能量和零策略的文宣，香港能夠不倒已屬萬幸。從顏色革命輝煌史的角度去看，林鄭由企硬到撤退便不難理解。企硬未必真英雄，灑淚何嘗不打得！

林鄭如不退，情況會較今天更亂，她會被千夫所指，將來歷史或會多了一章「林鄭之亂」。她擔當不起。她如不退，全香港便沒有機會看清楚：原來退了，依然大亂。撤退後的依然大亂也是預期之內，但總算開拓了小小的迴旋空間，讓香港看到黑手的志不在此，亦讓大家看清楚在關鍵時刻關鍵人物的搖擺和堅定。林鄭之退叫建制派付出沉重代價，包括今年區議會選舉和明

1　《顏色革命》，吳非，獨立作家出版社，2013。

年立法會選舉。這是西方勢力一貫從顏色革命所取得的回報之一。林鄭在輾轉難眠之際，會否反思自己親泛民、遠建制所得的回報？

在港的外來勢力不會因王毅一聲大喝而乖乖的收回黑手。在國際地緣政治角力下，外來勢力無處不在。全世界對外來勢力都有應對法例。美國 1930 年代已有《外國代理人法案》，規定外國代理人必須向美國司法部清楚定期報告他們為誰工作、幹甚麼事、收多少錢。該法案將外國代理人暴露於陽光之下接受監督，不能以隱蔽的方式行事。外國代理人的資金來源及流向，必須清楚交代；所製作的涉及政治宣傳物品，必須清楚註明「受外國支持」。香港今天如制定同樣法例，西方應沒有口實將其妖魔化，以美國民主馬首是瞻的泛民也沒理由擔心。香港如不為此立法，是讓黑手為港挖墳。

如不搞好民生　可說是施政上刑事罪行

西方黑手四両撥千斤的洋紫荊革命得以形成排山倒海之勢，亦歸功本港深層次矛盾。深圳的發展，讓無數青年興高采烈在高端領域與世界最尖端的較量，這是深圳青年的滿足感。香港的發展，讓我們青年穿西裝打呔扮高端卻淪為奔走街頭派樓盤單張。脫去西裝戴面罩上街守護我城行使公義，是香港青年的滿足感，他們連發洩性荷爾蒙也苦無地方。香港坐擁逾萬億元財政儲備，高踞世界前列。但醫白內障排期兩年，全民退保 10 年未果。紅隧天天大塞車，三隧分流卻兩攻不下。年輕人買樓無望，中產階層蝸居斗室。這是香港民怨的根本。現在連「明日大嶼」的前期研究撥款也要押後。政府是幹甚麼的？經這次教訓如果政府不切切實實搞好民生，可說是施政上的刑事罪行。

（原刊於 2019 年 6 月 27 日《明報》）

「洋紫荊革命」何時能在香港終結？

數以萬計的香港青年第一次海誓山盟，不是獻給日夜思念的伴侶，而是在烈日街頭和兵荒馬亂的抗爭中獻給了他們追尋的「民主」。這場運動感召了跨代港人，亦成為中小學生的精神歸宿，為他們長大後的熱血街頭提供了必需的歷史記憶和貞忠的盟誓。這股跨代集體感情，深遠地塑造着明日的香港。建制派至今仍在探討為何香港局勢在穩中向好時，會爆發這場始料不及的災難性抗爭；但在美國中央情報局眼中，這場洋紫荊革命，是逃不掉的歷史必然。要研判這場革命如何終結，首先要看清革命源頭。

香港回歸 22 年來，香港未曾出現過長治久安的勢態。由英治時期的威權統治過渡到《基本法》訂明的「雙普選」最終目標，是翻天覆地的民主轉型和權力重新分配，製造了爆炸性的政治參與機會和夢幻式的民主想像。還在求學的青年才俊除了標榜幾場抗爭體驗之外毫無工作經驗，遑論公績紀錄和地區服務，卻可以在選舉中高票當選。這是把握了爆炸性的民主機會、成就了夢幻式的民主想像。他們贏得選舉的方程式簡單有效：沒有最激，只有更激。

香港特區 22 年的歷史從來沒有偏離過「只有更激」的軌道。由每年不斷的和平示威，循序躍進到每年不停的抗爭、暴力衝擊，甚至武鬥，是令特區政府束手無策的新困局，但卻是多場顏色革命的老劇本。泛民主派以激贏取選舉，亦引發建制回激，一招 “DQ”（Disqualify，取消資格）讓建制派大快人心，卻惹來港獨更激，釀成了大撕裂，然後惡化為仇恨，為政治動員提供了爆炸力。香港成功處理了非法佔中和旺角暴亂，但每一次抗爭的完結，都只是下一次更激抗爭的累積。

西方黑手搞過多場顏色革命，對推動「革命」需要甚麼內部條件和外來激發，有精確把握。公眾普遍着眼於西方黑手在搞局時如何提供資金、制定策略、發動文宣等行動層面，但「搞革命」從來需要有堅實的理論基礎作指導。美國中情局和有關機構資助不同學者和智庫，對政權不穩定的成因和個案作了大量系統性研究，制定詳盡的政權特徵分類表，例如 Polity IV Project、根據不同指標制定「國家脆弱指數」（Fragile States Index），發展了一套預測政治動亂的分析工具。其中一所智庫是「政治不穩專案小組」（Political Instability Task Force），直接由中情局資助。小組成員之一貝克教授（Colin Beck）於 2017 年辭掉該小組的工作，他在公開的辭職聲明中表示：「全球政治不穩定最大的源頭是美國政府。」

已公開的「國家脆弱指數排名」和動亂分析並不包括香港，因為獲得排名的全屬主權國。當然西方勢力在香港攪局，一切分析和情報，盡在掌握。綜合「國家脆弱指數」所採用的指標來測試香港，幾乎是所有指標都亮紅燈。原來香港的政權是這樣脆弱，西方黑手只要把握時機順水推舟，引發大規模衝突是香港無法逃避的宿命。如果沒有中國強大的穩定威懾，香港政權變色只是時間問題。

香港的民主轉型已接近爆發期，是先天性的不穩定。全球195個國家，能長治久安的只有兩類模式。一類是民主穩固型的國家，如澳洲、印度。另一端是威權穩固型國家，如新加坡和北韓。其餘統治模式都是在兩者之間遊走的轉型期，是不穩定的過渡狀態，直至成功轉型為民主穩固，或威權穩固。香港人一直擁抱西方民主思想，雙普選是能夠提供香港長治久安的民主穩固模式；重啟政改，是打破香港「只有更激」長遠困局的理想出路。

中央對港政策的一個主要考量，是維護國家安全。只要國家安全得到保障，就算雙普選的選舉結果充滿中央操控不到的不確定性，也應屬中央容忍範圍之內，更可加強香港「一國兩制」的獨特性，增加台灣對「一國兩制」和平統一的安心。

保障國家安全需要三項動作。首先要為《基本法》23條立法；第二，要就網絡安全立法；第三，立法規管外來勢力。在國際地緣政治角力下，外來勢力在港無處不在。西方民主國家均有法例規管外來勢力，確保外國代理人必須向有關當局定期報告他們為誰工作、幹甚麼事、收多少錢。他們的資金來源及流向，必須清楚交代；所製作的政治宣傳物品，必須清楚註明「受外國支持」。香港應為此立法。

有了這三條立法保障國家安全，中央便可以讓香港進行令中央安心、港人舒心、台灣冷眼旁觀得放心的雙普選，達至民主穩固。倘若港人不接受國家安全立法，令到香港無法邁向民主穩固，則動亂只會不斷加劇，直至民意逆轉，允許制度的力量默默加強維穩的力度，讓我們邁向有香港特色的威權穩固；屆時雙普選會被「暫緩」；行政主導不斷加強、民主倒退如 “DQ” 等行動加劇。邁向威權穩固的轉型會較邁向民主穩固更為痛苦，並非香港之福。

這場洋紫荊革命把香港推到十字路口，強迫港人和中央為香港何去何從作出根本性抉擇。邁向民主穩固是香港最佳出路。這需要每名港人都照照鏡子，拿出「民主」的樣子，以民主方法邁向民主穩固。

（原刊於 2019 年 7 月 26 日《中環一筆》）

香港的第三波「洋紫荊革命」

香港的穩定原來這樣脆弱，是港人的嶄新體驗、特區政府的晴天霹靂。但從顏色革命史的角度來看，一切都在預計之內。香港回歸 22 年，從來沒有長治久安之態。從反《基本法》23 條到旺角暴亂，每一次抗爭的完結，都只是下一次抗爭的積聚。不論目前這場洋紫荊革命何時偃旗息鼓，亦只是休養生息，為下一波養精蓄銳，直至香港出現根本性的政權穩固。這份穩固如何得到？

這場抗爭來得快而猛。6 月 9 日第一波讓特區政府措手不及，還未定過神來第二波已打到面前，陣腳未穩第三波又殺到。慌忙之際使出一招「暫緩」，然後再一招「壽終正寢」，以為可以休戰，豈料暴力衝擊與「和理非」相結合的攻勢接踵而來，出現不穩之勢。中央在貿易戰有能力把美國這個全球霸主打回談判桌上，面對香港幾百名暴力衝擊者，中央只要打出組合拳擊退黑手，然後換班的換班、問責的問責、懲治的懲治、安撫的安撫、改革的改革，不怒而威一錘定音，讓香港回歸正常，走出困境。政府渴望中央出手，助其走出困局；藍營期盼中央出招，一舒心中鬱結。

7 月 29 日的國務院新聞發佈會中，港澳辦發言人在談及西方勢力時所用的字眼，遠較國務委員兼外交部長王毅於 6 月 19 日的用字溫和。王毅說：「我們要大喝一聲：請收回你們的黑手！香港事務是中國內政，香港不是你們橫行的地方！」

淡化黑手之前數天，美國國務卿蓬佩奥在當地時間 7 月 25 日就香港問題發言時，第一次使用「暴力」這兩個字。他說：「我們希望抗議是以和平方式進行。我們認為重要的是：防止每逢有抗爭者便有暴力。這對全世界有利，亦對我們這裏（美國）有利。」7 月 29 日，香港美國商會發表聲明表示：暴力和破壞已嚴重影響美國公司在港的利益，並呼籲港人停止暴力和破壞。中美現已重啟貿易談判，如果美國為了雙方利益而與中國就香港「暴力」有了新的認識，加上明白到任憑如何暴力衝擊，都不能誘發駐港部隊武力鎮壓，則可以預期香港的暴力指數已接近觸頂。但星火燎原，暴力一旦被誘發，便自有其生命力，陷入暴力衍生暴力的漩渦，誰也不能說停就停，故此暴力仍會持續，但逐漸淡出主軸的角色。第一波的抗爭，是規模漸大的遊行。第二波是以大遊行加上和平理性非暴力的支援，掩護暴力衝擊。第三波抗爭，是以非暴力的大規模野貓式不合作運動為主軸，配合各行各業專業團體公務員隊伍的聲援，暴力衝擊從後掩護，讓革命成果遍地開花，迫使政府接納抗爭者五大訴求。

暴力能以武力鎮壓，不合作運動不能。10,000 名抗爭者可創出 10,000 種不合作運動，涵蓋全港。除非香港金融穩定遇到攻擊，逼令中央出手。否則，在中央不出手的情況下，香港如何走出困境？

美國中央情報局搞過多場顏色革命，對預測需要甚麼內部條件和外來激發來導致政權不穩，充滿野蠻的自信：只要預測到不穩，就有能力讓不穩出現。中情局直接資助的智庫組織「政治不穩專案小組」(Political Instability Task Force)，深入研究近 50 年共 141 宗政權不穩的個案，發展出一套模式，用來預測兩年期內政權出事的準確度達 82% 至 89 %[1]。該套模式作預測，會顯示香港目前的政治制度，是屬最高危的一種。只要出動黑手攪局，香港便會出事。2017 年「政治不穩專案小組」成員之一貝克教授 (Collin Beck) 辭職，他的辭職公開信說：美國政府是全球政治不穩定的最大源頭，並表示小組內其餘學者成員繼續為該小組獻計是一項恥辱。

該套模式發現，全球逾 190 個國家中，能長治久安的只有兩類模式。一類是民主穩固型國家，如澳洲、印度。另一端是威權穩固型國家，如中國、新加坡。其餘統治模式均屬在兩極之間游走的轉型期，是不穩定的過渡狀態，直至成功轉型為民主穩固，或威權穩固。轉型期最高危的制度，是局部民主加上政治陣營嚴重撕裂，這正是香港的寫照。

中央對港政策的一個主要考量，是維護國家安全，如這方面得到保障，港人就有機會說服中央實行雙普選。保障國家安全需要三項動作：基本法 23 條立法、網絡安全立法，和規管外國代理人立法。西方民主國家均有相關法例，確保外國代理人必須向有關當局定期報告他們為誰工作、幹甚麼事、收多少錢。為此立

1 "A Global Model for Forecasting Political Instability", *American Journal of Political Science*, Vol 54, No. 1, January 2010.

法，亦可保障外國代理人的權益。

倘若港人不接受國家安全立法，令到香港無法邁向民主穩固，則動盪只會不斷加劇，直至民意逆轉，允許制度的力量默默加強維穩的力度，邁向有香港特色的威權穩固。

（原刊於 2019 年 8 月 2 日《中環一筆》）

脫下黑面罩　共譜新篇章

「爆眼女」是誰？她透過視頻在民間記者會上亮相，但以口罩蒙面、黑眼鏡遮眼，亮相卻不露面。面罩掩藏不住她傷眼初癒後的風姿綽約，讓她贏得公眾同情之餘，更添「黃營」的怒火和「藍營」的嘆息。她呼籲羣眾繼續抗爭，卻不談自身傷勢和身世。她的身世和一切至今是個謎，港人想像之餘，唯一知道的是不少人視她為心中摯愛，包括她的父母妹妹和朋友同事。雖然是透過視頻，我卻感覺到她黑眼鏡背後的眼神和對全港的凝視。她能看見全港，但港人無法一窺她的真貌。這是不對稱的溝通。我渴望她脫下口罩，以真面目示人。這並非出於好奇或為了「起底」或追尋真相，而是為了香港急需的大和解。

黑色面罩是一道牆　隔絕你我

政治動亂不論多麼嚴重，都是過渡性的。不論月圓之後如何，動亂始終會終結。動亂的終結是社會默默邁向新的安穩；文明社會只有安穩才能常態化。新的安穩可以是政府退讓，抗爭者滿意收兵；亦可以是政府愈趨強硬，直至抗爭者敗走收兵。但不論新的安穩以何種姿態出現，非友即敵的香港社會都需要大和解，才能使新的安穩得以持續。

大和解的必須前提是坦誠對話和溝通。蒙面人和非蒙面人之間不存在坦誠溝通的可能，因為蒙面所表達的清晰信息就是「我不要你知道我是誰」、「我拒絕和你坦誠，不想與你溝通」。黑色的面罩是一道牆壁，隔絕了你我，違反了文明共融的香港核心價值。

爆眼女子以蒙面收回了個人身分，突顯出的唯一身分就是抗爭者。如果不是傷了眼，她存在與否，無人知道。她與數以萬計的黑衣蒙面人一起動如流水，混成一體。她可以是滿街黑衣蒙面人之中的任何一個，故此亦象徵了任何一個抗爭者。她右眼被擊中流血倒地的照片瘋傳那刻，就成為這場黑色革命的符號。無數蒙面人紅了眼，集體感同身受。別問她是誰，她就是我們。勇武派在街頭立下血誓：以眼還眼。和平理性派在右眼貼上血染的眼罩：我們都是爆眼女、爆眼男，永不忘記血海深仇。

「爆眼女」可成「黃藍和解」共同女神

要化解這段仇恨，還是靠她。要勸解爆眼女子脫下面罩，開懷坦誠地參與劫後香港的重新建設，港人必須停止聚焦她右眼的傷痕，亦不要再喋喋不休分析她究竟是被警隊布袋彈所傷，還是被蒙面人發射的彈珠誤傷。不論是何者，在「黃營」心中，她右眼的傷痕永遠是最高榮譽勳章，是他們的「耀眼女神」；在「藍營」眼中，她又何嘗不是香港傷痛和荒誕的象徵？

大和解之大，不在於追究兵荒馬亂時傷人的兇手，而是在於撫平傷口、泯別恩仇，以寬容為香港扭轉乾坤。爆眼女可以為此作出貢獻，成為「黃營」和「藍營」大和解的共同女神。

「藍黃大和解」的前提是甚麼？短短三個月的仇恨累積能有多深？南非前總統曼德拉 27 年的黑牢之冤也能一笑泯別。他因為對抗白人種族隔離政策而被監禁 27 年。1990 年他獲釋，1994 年當選為南非史上第一名黑人總統。他在總統就職典禮上致辭：「能夠接待這麼多貴賓，我深感榮幸。我最高興的是當年在監獄看守我的三名獄警也能蒞臨。」然後他邀請該三名獄警起身，介紹給在場嘉賓，並向他們三人致敬。全世界為他的寬容所感動。他說：「當我步出監獄，走向通往自由的大門時，我若不把仇恨留在後面，那麼我只會繼續活在獄中。」

香港沒有曼德拉，但亦有寬容與和解的典範。她結婚 21 年，但丈夫和另一名「好溫柔」的紅顏知己交往 13 年，兩人把臂同遊的照片在各大報章大曬溫馨，丈夫更在法院陳辭時公開宣揚自己是紅顏知己「生命中的男人」，兩人恩愛纏綿一齊睇樓買樓賣樓收錢。丈夫因違法收了情人的甜頭而即將判刑。妻子素心玉手，執筆為負心郎向法官寫求情信：丈夫一直以家庭為先，希望法官從輕發落，讓他們一家人有機會展開新的篇章。

她提筆寫信時的沉重和心碎，以及擱筆長吁後對重譜新章的憧憬，是對港人的啟發。賢妻以無限寬容委婉來化解 13 年的不忠和錐心之痛，為撕裂了而充滿仇恨的香港人，示範了和解的可能和喜悅。她是特區政府政策創新與統籌辦事處總監馮程淑儀。

止暴制亂能夠在社會層面帶來暫時的穩定，但不能解決民間之亂。且看另一香港家庭。《明報》8 月 16 日一篇報道的標題：〈討論政治打摑母親 18 歲子守行為〉。內容是有兒子與母親討論政治時激動，拳打掌摑母親。這並非偶發的單一事件，而是有相當的普遍性。止暴制亂不能解決一個家庭兩個敵營、一班同學兩個敵營、一間公司兩個敵營、一卡地鐵兩個敵營。「撕裂」不再是簡單的社會概念，而是人與人之間、陌生人之間，甚至親友之間隨時爆發的仇恨和暴力。這個仇恨不解，學生豈能安心學習？香港豈能奢望繁榮穩定？止暴制亂，必須伴隨着大和解。

止暴制亂需訂反蒙面法　和解同需除面罩

當今香港社會每一個組成單元都內藏敵對陣營，使香港失去自我癒合的能力。敵對陣營之間需要和解，和解需要一個過程，這個過程需要引導和學習。要推動這個過程，必須是政府與民間攜手。

止暴制亂，需要制訂反蒙面法，這方面已多有論述。大和解同樣需要抗爭者除下面罩，不再蒙面，成為社會上坦誠對話的參與者。

耀眼女神受傷後，林鄭月娥說：「當在方便時，我很願意去探望這位少女。」既然耀眼女神已經公開亮相，特首宜盡快委派寬容與和解的典範馮程淑儀前往探訪。要啟動香港公開對話大平台，不作他想，應該由這兩名曾經受傷的女子開始。一人來自政府，一人來自街頭抗爭。兩人攜手示範寬容，齊心呼籲港人勇敢地放下仇恨，讓香港大對話、大和解成為可能。香港譜寫新的篇章，要由蒙面人拋開面罩開始。

（原刊於 2019 年 9 月 5 日《明報》）

世評語

中國只配做「外交小綿羊」？

西方國家和媒體心目中的中國外交，就是要做一個打不還手罵不還口的「外交小綿羊」，一旦中國不願做小綿羊，他們便驚呼「戰狼來了！」英美等西方國家的國際關係觀，就是叢林法則，雖然滿口民主自由人權，本質卻是零道德的弱肉強食。

電腦插圖如政治漫畫　何來偽造？

國內青年藝術家創作的一幅電腦繪圖，把西方的偽善充分暴露。該幅諷刺澳洲大兵血腥殺害 14 歲阿富汗男童的圖片一出，便迫使澳洲總理殺氣騰騰上電視，兩次譴責該圖片為「偽造」，加上一連串的「絕對不可接受」，然後要中國道歉。澳洲和西方媒體亦一窩蜂大吵大嚷，說中國外交部發言人趙立堅使用「竄改了的相片」、「偽造的圖片」來描黑澳洲。歐盟駐華大使亦跑出來叫：美歐應該對中國的「戰狼外交」說「不」。一幅以電腦軟件繪製的原創圖像，性質就如政治漫畫、政治卡通一樣，是百分之一百藝術創作，何來「偽造」和「篡改」？還要勞煩堂堂「一國之君」氣急敗壞出來指罵一番？

該電腦製圖的血腥程度，遠較真相為低，男童的頭被澳洲國旗包實，見不到男童臨死的痛苦萬狀和驚駭莫名。就是這樣一幅含蓄的政治漫畫，經過西方傳媒一連串炒作之下，焦點便由澳洲大兵血腥屠殺男童，轉移到中國「偽造圖片」，然後大義凜然譴責中國，再然後將其定性為中國的「戰狼外交」。澳洲差點兒沒自我定性為被戰狼蹂躪的楚楚可憐小綿羊。

我和澳洲朋友談起此事，他們的典型反應是：唉！這張圖片太逼真，霎眼看來就像是照片。故此澳洲政府誤會了，以為該圖片是竄改了的照片。如果趙立堅開宗明義說明該圖片是電腦創造，便不會引起這場誤會。

但事實是否如此？澳洲總理這次親自上陣，並非突發新聞的即場發揮，而是手持講稿逐字宣讀，是經過充分研究精心炮製的外交舞台劇，事前該幅圖片亦一定被專家反覆「驗屍」，故此百分之百知道此乃政治漫畫創作，而非「偽造和竄改」的照片。但上至總理、下至評論員，就是一口咬定這是「偽造照片」以圖抹黑澳洲。堂堂「一國之君」，居然可以這樣捩橫折曲，令人歎為觀止！

澳洲多年來甘願充當美國第一打手，談不上有獨立外交。美國偷聽全世界醜聞曝光，澳洲默不作聲。華為在澳洲大規模投資多年，製造大量高端職位，美國和澳洲拿不出一絲證據證明華為構成國家安全威脅，單憑美國的指稱，澳洲便急不及待成為美國之後第一個國家拒絕讓華為參與 5G 建設。新冠肺炎在武漢爆發，澳洲又是繼美國之後第一個國家跳出來說要對中國展開獨立調查。今天連美國疾控中心都表示，新冠肺炎在武漢爆發之前，已可能在美國出現，但澳洲仍然堅持不會收回「調查中國」的建議，因為澳洲不能「出賣主權」。

引圖回應澳洲偽善　趙立堅君子無懼

澳洲白人殖民澳洲之後，大規模滅絕澳洲土著。直到今天，大部分澳洲土著仍然活在社會底層，酗酒吸毒，就是他們生活常態。反觀中國在新疆給維吾爾族人民提供全民教育和各樣職業訓練，大規模改善他們生活。澳洲拒絕誠實面對本身在人權問題的血迹斑斑，卻甘心成為美國鬥犬，扭曲中國改善維吾爾族人權的努力。在如此情況下，中國外交部發言人趙立堅引用電腦藝術創作，來回應澳洲在人權方面的血腥和指手劃腳的偽善，這是君子無懼的「君子外交」，絕非戰狼外交。

因電腦製圖事件而指摘中國的，包括法國。法國外交部對澳洲大兵殘殺 14 歲男童隻字不提，卻指摘中國的外交手段。五年前法國《查理周刊》因刊登褻瀆伊斯蘭先知的政治漫畫而遭恐怖襲擊，導致 12 人被殺，包括雜誌社的漫畫家。兩個月前，一名法國教師被恐怖分子斬首，原因是他在課堂上講述言論自由時，展示了一幅諷刺伊斯蘭先知的政治漫畫。這兩宗事件導致法國全國哀悼，堅決保衛發表政治漫畫的自由。這次法國不提血腥殺童，卻譴責中國使用政治漫畫，是典型的雙重標準。

西方對中國雙重標準絕非新聞

西方國家對中國的雙重標準，其實絕非新聞。他們的歷史，造就了他們在國際關係中信奉叢林法則。美國針對個人的叢林外交，例如它（或它的盟友）行刺伊朗軍事將領、行刺伊朗核子科學家；針對國家的血腥叢林外交，例如伙同西方國家空襲敘利亞、入侵伊拉克、用精準飛彈「誤襲」中國駐南斯拉夫使館，西方的自由民主人權國家，有何表示？

趙立堅使用一幅不涉渲染、不涉及褻瀆宗教的寫實電腦插圖，卻受到西方圍攻，原因就是西方的白人至上思維，壓根兒瞧不起中國。他們眼中的中國，就是貧窮落後、極權腐敗，只有它們教訓中國，豈容中國還口？

香港要思考怎協助構建國家話語權

這次插圖事件，亦帶出了中國在國際話語權的嚴重不足。國家雖然透過全民努力，以短短數十年發展成為全球第二經濟體，創造了踏入全民小康的奇蹟，但在國際傳播能力和話語權的構建，則遠遠落後於西方國家。世界四大通訊社，亦即是美國的美聯社和合眾社、英國的路透社，和法國的法新社，所發出的新聞體量，佔全球新聞發佈量八成；每天流通於全球的新聞，逾 90% 被美國及西方國家壟斷，美國包辦了全球 75% 的電視節目。中國的傳媒機構包括新華社、中新社、《中國日報》、中央電視台和中央廣播電台等，在努力經營之下，雖然幹出了一番成績，但在英美主導的輿論霸權之下，加上以英語為國際語言的霸權之下，中國絕對處於捱打狀態。

中國經濟崛起和科技崛起的速度，遠遠超越國家在全球話語權的提升。在今天大談香港融合國家發展、融合大灣區發展的年代，香港作為亞洲通訊中心，以及本港多所大學作為培育新聞傳播人才的沃土，香港需要深刻思考，如何在國際傳播工作上，為國家話語權的構建出謀獻策，克盡全力，讓香港在講述國家動人故事的事業中，成為具國際公信力的聲音。

（原刊於 2020 年 12 月 17 日《明報》）

Shame on you@nytimes

「你可恥，紐約時報！」這句話不是國內或本港的愛國者一時氣憤衝口而出，而是白紙黑字出自世界級公共健康權威達扎克（Peter Daszak）。他受訓於英國、駐守在美國，是世衛組織派往武漢進行病毒溯源工作的專家小組成員之一。他對《紐時》如此憤懣，是因為這份標榜新聞專業的國際報紙為了蓄意描黑中國，公然歪曲他的言論。我尊敬這位世衛專家的正義感，但他是少見多怪了。描黑中國，只是《紐時》無恥的冰山一角。如果沒有這份報紙持續不斷、排山倒海、以假當真地炮製「伊拉克藏有大殺傷力武器」的假事實，刻意誤導國際輿論，美國民意以及世界輿情不會容許美國因一己私利而出兵非法侵佔伊拉克，亦不會導致這個文明古國逾百萬平民因美軍的侵略而死傷。這份報章豈止無恥，而是百分之百沾滿無辜平民的鮮血。

美國一份報紙的無恥和血腥，與香港何干？問題不單是一份報紙，而是西方媒體操控國際輿論環境，香港作為輿論開放型社會，深受其害。

2018 年 1 月 26 日，全球四大通訊社之一「路透社」報道：香港浸會大學兩名學生因為和老師就語文教育問題爭辯（argue）而被罰停學。大學當局指控該兩名學生令教師「感到受脅迫和被羞辱」……有批評者認為：北京欲以普通話取代廣東話，令香港社會單元化。

根據當時已公開的資訊和事實，當天 10 多名學生衝擊浸會大學語文中心，圍堵該中心約 10 小時，期間兩名神高神大的學生以身體逼近一名上了年紀而身材細小的女教師，對她凶神惡煞粗言辱罵，這是公開的不爭事實。路透社在香港設有辦事處，前線採訪和資料蒐集大部分是本地人，不存在掌握不到準確信息，而是蓄意扭曲描黑。在其妙筆生花之下，在全球大學都會被踢出校的粗暴行為，漂白成為「爭辯」；而浸會大學則吃了死貓，學生和老師「爭辯」便被罰停學；中國亦被描黑，要將香港社會「單元化」。

全球媒體數以萬計，只有極少數有資源採集第一手國際新聞，絕大部分媒體都依賴國際通訊社作為國際新聞的權威來源，路透社作為四大之一，塑造國際輿情影響深遠，而它只需雕蟲小技玩弄一下文字，便足以誤導全世界。大至以輿論謀殺伊拉克，小則潤物無聲地誤導一宗校園事件，以滲沙子方法描黑香港、描黑中國。美國給全世界的印象是擁有數以萬計不同媒體，讓全世界以為百花齊放，教全世界以美國媒體為新聞自由的典範。實情是美國媒體高度集中，六大財閥擁有 90% 美國媒體，一聲令下，便百花自發地輿論一律，全球受眾便以為數萬個自由媒體各自獨立地從不同渠道獲得高度一致互相印證的一手新聞。在排山倒海的國際輿論攻勢下，文明古國伊拉克百辭莫辯，100 多年前八國聯軍操入紫禁城、人民遭遇生靈塗炭的慘劇在 21 世紀的中東重演。

美國媒體的血腥，歷史悠久。美國前總統卡特於 2019 年表示：美國在 242 年歷史中只有 16 年沒有發動戰爭。美國 226 年戰爭史的最大推動者，不是政客，是傳媒。美國另一家自由新聞的典範《時代雜誌》創刊至今 98 年，因其創辦人盧斯（Henry Luce）白人至尊的意識形態凌駕了其雜誌的報道，使上世紀美國對中國了解嚴重偏差、導致美國打了毋須打的仗。美國歷史學家和普立茲新聞獎得主白修德（Theodore White）曾下結論：「沒有盧斯的新聞誤導，不會有韓戰，亦不會有越戰。世界歷史亦會不同。」沒有血腥的媒體，歷史會如何不同，無人知道；但百分之百肯定的，是數百萬在戰爭中死傷的軍人和平民，和他們數千萬父母妻兒子女的家庭史，由幸福生活變成血漬斑斑。

今天的中國經過全國全民數十年咬實牙關的拼搏，讓美國不敢輕易動武。但美國認定了中國是最大勁敵，媒體百花齊放地一致瞄準中國，並大打台灣牌、香港牌、新疆牌。美國多年來以軍事霸權支撐金融霸權，軍事上攻城掠地，金融經濟上巧取豪奪。當他國人民為溫飽而拚搏的時候，美國奪取了他們的大量資源，於是美國有龐大資源去構建國際輿論霸權，盤根錯節，深入媒體、學術機構、智庫，和各式各樣非政府機構。以今天中國的國力，雖然不至於像伊拉克那樣百辭莫辯，但在國際輿論場和美國相比，顯得蒼白無力。

香港是美國調動國際反中輿論的橋頭堡。但在香港這個輿論戰場，面對美國的反中抹黑，中國針對美國的直接輿論反制只是第二招，更重要的第一招，是喚醒港人的思想防疫，不受血腥傳媒的荼毒。蘇聯解體，第一原因是國內民心背離。香港在黑暴期間和 2019 年 11 月的區議會選舉，同樣顯示了大面積的民心背離。這不能怪港人，一般市民在長年累月的反中亂港的假新聞耳濡目染之下，民心背離是難逃一劫。

去年二、三月間，我如常在上午 7 時駕車回校，途中如常打開香港電台第三台英語的 *Hong Kong Today* 時事節目，但是半聽不聽，因腦海糾纏着各種公事，不覺節目請來了一位外籍專家，談論中國疫情。當時國家全民繃緊，開始初步控制疫情，外籍專家一開始便講了幾句讚賞中國抗疫的出色表現。節目主持人 Samantha Butler 以有點愕然的聲調問他：你意思是說中國抗疫工作做得很好？“Oh Absolutely!” 那位外籍專家回答。一聽見這句 “Oh Absolutely! ” 我馬上興奮莫名，難得香港電台請來一位外籍專家讚賞中國。我馬上豎起耳朵準備細聽訪問，但外籍專家沒有機會說下去，因為緊接着 Samantha Butler 突然語調匆匆地說：“Oh sorry sorry. We are running out of time and have to end this interview”，連慣常訪問結束後的標準結尾語「剛才接受訪問的是某某某」也沒說，是明顯的突然腰斬訪問。節目其後的體育新聞，較我平時聽到的明顯拖長了很多。見微知著，如此文化，香港市民豈能不人心背離？但我不能怪該位女節目主持人，我在電台工作過，聽到她腰斬節目時手足無措的語調，明顯是有人向她狂打割喉手勢，要她馬上、立即腰斬節目。當時我在車內就大喊一聲：“Shame on you, Radio 3” 。香港的輿論免疫，任重道遠。

（原刊於 2021 年 2 月 25 日《明報》）

本港大學宜研究美國而非中國

本港大學自殖民地時代便一直是西方世界研究中國的基地。協助西方認識改革開放前「竹幕」後的中國，有助避免列強誤判中國，這有利於世界和平。美國於 1950 年代就是誤判中國，導致韓戰的慘痛教訓。但時移世易，今天的香港是否應該仍然把中國作為重點研究對象？隨着中國崛起，美國對華政策由孤立、圍堵、打壓，演變到破壞。下一步會如何？在未來 20 年間，研究美國並準確研判美國的行為，進而提出有效的應對和國際論述，遠較研究中國更有利於世界和平。本港大學與英美大學有千絲萬縷的交流合作和人脈關係，較國內大學更有利去研究美國及其西方盟友的對華和對港政策。這是本港大學在國際形勢大變局之下，能夠作出新的歷史性貢獻，既有益於世界，亦有利於本港和國家發展。

美國為首的西方國家以香港為基地觀察中國由來已久，這包含嚴肅的學術研究，亦有情報蒐集。1980 年代末期美國駐華大使李潔明（Jim Lilley）曾引述前國家總理周恩來說：「想知道中國發生何事，只需問一問美國中情局派駐香港的人員。」[1]

1 James Lilley with Jeffrey Lilley, *China Hands*. Perseus Books, 2004,p.138.

美有用對華情報　曾來自長駐港大神父

誰是美國最寶貴的對華情報來源？這個問題同樣由 Jim Lilley 回答最好，因他是中情局最權威的中國通，曾於中情局工作約 25 年，其後於 1989 年北京六四事件爆發時任美國駐華大使。這位情報官兼大使表示：在中美關係正常化之前 10 年間，美國取得最有用的對華情報是來自長駐在香港大學利瑪竇堂的一位神父，名叫 Laszlo Ladany。這位耶穌會神父帶領團隊，在利瑪竇堂透過每天監聽中國廣播，透過他在中國境內的網絡，以及透過訪問當時不斷從國內偷渡來港的難民，採集和分析情報。

這位耶穌會神父的「中國觀察」工作，約由 1950 年代開始一直持續到 1990 年他逝世才停止。我唸書時住在利瑪竇堂，該宿舍有數座樓房，學生宿舍外，有一座與別不同的是神父宿舍。利瑪竇宿生是夜貓子，晚上在港大校園翻牆越壁，要去哪便哪；但在舍監狄恆神父的嚴肅告誡下，神父宿舍是我們絕對不會跨越半步的禁地。當時不以為意，直至最近拜讀了另一位中國觀察家的自傳[2]，才恍然大悟，原來當年絕對禁足的神父宿舍竟然內藏「中國觀察站」。

除了情報，當然還有嚴肅的學術研究。自上世紀以來全球各地大學對中國的學術研究，遠超對世界任何其他國家的研究。中國觀察家（China Watcher）更是西方政府、媒體、智庫，甚至情報機關爭相培訓和羅致的對象。雖然英國國旗曾在全球四分之一土地飄揚，雖然前蘇聯曾經與美國共列為世界兩大霸主，但世上

2　Richard Baum, *China Watcher*. University of Washington Press, 2010,p.235.

從來沒有「英國觀察家」和「蘇聯觀察家」這稱號。雖然美國是當今天下唯一霸王，世上卻沒有「美國觀察家」，只有「中國觀察家」成為國際通用的專業稱號。

港未來風雲際遇　觀察家空間廣闊

今天「中國觀察家」這項稱號已經餘暉不再，因為全世界都在觀察中國；而新時代的新香港，所需要的不再是中國觀察家，而是美國觀察家。

本年 3 月，美國成立了立國 200 多年來第四個深具影響力的「當前危險委員會」(Committee on the Present Danger: China)，把中國視為美國當前最大的危險，要全力打壓。美國歷史上第一和第二個「當前危險委員會」是針對蘇聯，亦最終肢解了蘇聯；第三個是反恐戰爭。這次成立第四個委員會，誓要打垮中國。該委員會成員有文有武，包括前中情局長、國防部高官、特朗普前策略顧問班農，還有前教育部長，都是位高權重、聲名顯赫的反華鷹派。把前教育部長包括在內，亦顯示了教育對國家安全的重要。美國要傾全力對付中國，並青睞了香港作為切入點，這保證了香港未來長時間會風雲際遇，亦為「美國觀察家」提供了廣闊的研究空間。

港府沒人才研究　大學發揮智庫作用

又例如，美國通過《香港人權與民主法案》對本港有何影響？北京的反制措施會引發美國如何反「反制」？特區政府應緊隨中央反制步伐，還是游說中央給予香港更多空間彈性處理，以彰顯一國兩制下香港與國內的分別，並保護香港從美國獲得的特殊地位，讓香港繼續發揮特殊功用？這一連串問題難倒了特區官員，因為政府並無人才和資源作有關研究，而本港的大學是理所當然去發揮智庫作用，深度讀懂美國、準確研判美國的行為。

美國當權派把中國定性為「當前危險」後，美國 100 名著名「中國觀察家」，包括哈佛大學費正清東亞研究中心前主任傅高義教授（Ezra Vogel）於 7 月 3 日在《華盛頓郵報》發表〈中國不是敵人〉的公開信，建議美國不要視中國為敵人，否則只會疏離盟友，自我孤立。但打壓中國已成為美國跨越兩黨的朝野共識，「中國非敵」論雖然是滔滔濁流中難得的清議，但在千夫的諾諾聲中，誰能聽到一士之諤諤？

「中國非敵」論的推手傅高義教授作為中國觀察家中德高望重的一諤之士，當然在香港基地呆過不少時間。他在香港的蹲點，是現設於中文大學的「中國研究服務中心」。該中心是觀察中國的「少林寺」，出了無數觀察中國的猛人，其中包括中美關係正常化第一推手 Mike Oksenberg 和前港督衛奕信。衛奕信出任港督之前是《中國季刊》（*The China Quarterly*）的總編輯。我在閱讀該中心另一位觀察家的著作時，驀然讀到《中國季刊》這份由劍橋大學出版、被公認為中國觀察最權威的學術季刊竟然是由美國中央情報局幕後資助[3]。原來嚴肅的學術研究，亦難逃中情局的臂彎。

3　同註 2，p.237。

美國絕對是值得尊重和研究的對手

本港有規模的大學均設有中國研究中心，但沒有一所「美國研究中心」。它們以往對中國的研究有益於世界和平，值得肯定。但新時代的新需要是善用本港大學的人才資源和國際聯繫去研究英美的對華對港政策。這需要在調配政府和非政府資源時創造誘因。因為美國絕對是值得我們尊重和研究的競爭對手。

（原刊於 2019 年 12 月 19 日《明報》）

美對華政策失誤的代價

一本新聞雜誌，害死千萬生命。美國《時代雜誌》創刊至今95年，因其創辦人盧斯（Henry Luce）的個人意識形態凌駕了其雜誌的報道，使上世紀美國對中國了解嚴重偏差、對華政策嚴重失誤，導致美國打了毋須打的仗，害死了千萬個毋須死的人。新聞史是好老師，但當權者是劣學生，使歷史的錯誤不斷重複。

創辦人意識形態 凌駕《時代雜誌》報道

「沒有盧斯的新聞誤導，不會有韓戰，亦不會有越戰。世界歷史亦會不同。」歷史學家和美國普立茲新聞獎得主白修德（Theodore White）作此結論。亦有其他歷史學家作出同樣結論。白修德於第二次世界大戰期間是《時代雜誌》駐中國記者，他目睹當時國民黨的腐敗無能、軍心散渙；而共產黨則贏盡民心，士氣如虹。但他在中國採訪所得的第一手報道，送到《時代雜誌》美國總部的時候，往往被改寫得黑白顛倒，使蔣介石成為美國人眼中的「中國版華盛頓總統」：民主開明、仁義英勇，是中國的希望。

時任美軍司令史迪威（Joseph Stilwell）將軍對蔣介石非常反感，對解放軍司令朱德卻推崇備至。這位美軍司令在二戰後曾經說了以下這句話：「如我能背掛步槍前赴中國，作為朱德指戰下的一名步兵，我會感到驕傲。」這美軍名句埋藏多年，到 2013 年才於一本書中被提及[1]。戰場上敵對軍人惺惺相惜並不出奇，但美軍司令說出這樣的話，足證朱德作為一名軍人的魅力，不愧為中國十大元帥之首。

盧斯有中國情意結。他 1898 年在中國山東出生，父親是美國基督教傳教士，他的童年在腐敗落後的中國度過，養成他以基督教精神讓中國現代化的抱負。蔣介石娶了畢業於美國衛斯理學院的宋美齡，她是基督教徒，他也信了教。衛斯理是名人輩出的名校，後來的校友包括希拉里。「衛斯理」加「基督教」這個組合，讓盧斯認定蔣介石是中國的新希望和當然的統治者。

盧斯約 14 歲離開中國前往英美讀書，1920 年於耶魯大學畢業，被同學選為「最聰明的人」；班裏另一同學海登被選為「最可能成功的人」。1923 年他倆聯手創辦《時代雜誌》。最聰明的加上最可能成功的人雙劍合璧，他們的雜誌在其後數十年塑造了美國人的世界觀。該雜誌於 1927 至 1955 年間，10 次以蔣介石作為封面人物，並破天荒以蔣介石和宋美齡兩人同時亮相作為雙封面人物。宋美齡赴美游說時獲邀請在美國國會演講，亦是盧斯在發功。

1 Robert P. Newman, *Invincible Ignorance in American Foreign Policy*. Peter Lang, 2013.

七十年前「失去中國」的大辯論

二戰之後數年間國民黨最終敗走台灣，這發展震動美國朝野，引起了一場「美國為何失去中國」的大辯論。自 1900 年以來美國一直感覺自己善待中國，是讓中國免受其他西方列強欺凌的守護者，而中國亦一直以來對美國較為友善。美國相信日本投降後，中國會和美國一樣成為民主自由大國。但中國竟然會落入「敵對」的共產黨手中。美國朝野發出嚴厲拷問：為何有這個災難性的失誤？

70 年前「失去中國」的大辯論，今天仍然在繼續。隨着歷史檔案的解封，大家可以作更客觀的審視。但首先要弄清概念：第一，中國不屬於美國，不存在美國「失去」中國。第二，中國共產黨並無「敵對」美國。

大辯論將朝野分成兩大陣營，一方是「知華派」，其主力是美國國務院外交系統的官員和學者。他們明白國民黨已經毫無希望，他們看到共產黨廉潔能幹，深受人民支持。他們並無倡議馬克思主義或共產主義適合中國，只是務實地建議美國應與毛澤東建立友好關係，以便影響中國共產黨的決策。而事實上，周恩來和共產黨領導於 1949 年立國前多次接觸美國，希望保持良好關係和協作，但美國不作回應。

另一個陣營是「擁蔣派」。這個陣營的主帥就是盧斯。他用盡其傳媒帝國的影響力，包括《時代雜誌》、《生活雜誌》和《財富雜誌》，主導民情，把中國共產黨描述成對民主世界的威脅，並鼓吹美國大力支持蔣介石和國民黨。

歷史真實不敵偽新聞假民情

中華大地的歷史真實，不敵傳媒帝國意識形態主導的偽新聞和假民情，令美國決策者誤判政治現實而一直支持國民黨。1949年國民黨敗走台灣後，「擁蔣派」瘋狂反撲，並遷怒於「知華派」，認為他們從中作梗，阻撓美國給予國民黨更大的軍事支持。反共力量之大，最終令華府罔顧事實，拒絕承認中華人民共和國，直至1979年才改變立場。

1950年韓戰爆發。以美軍為首的聯合國軍隊節節勝利。中國警告聯合國軍隊不得越過「三八線」，美軍司令麥克阿瑟不聽，超越三八線，導致中國出兵，戰況慘烈，雙方傷亡慘重。雖然美軍佔有絕對軍備優勢，但美軍第八軍被中國志願軍打得潰不成軍，美軍第十兵團幾乎被殲滅。消息傳到美國後，造成恐慌，以為中共紅軍已準備來襲。紐約州州長於1950年12月13日建議全面調動軍隊以應付來襲的共軍。12月16日，美國總統杜魯門宣布美國進入緊急狀態，並表示必要時使用核武。雖然美國很快明白這是歇斯底里的虛驚一場，但民間反共情緒高漲，麥卡錫的反共白色恐怖籠罩美國。「知華派」被標籤為共產黨支持者。到了1952年，美國政府內的「知華派」已全部被肅清。韓戰期間，《時代雜誌》繼續其反共角色，雖然麥克亞瑟被解除職務奉召回國，但該雜誌連續多期大篇幅把他捧為最偉大的軍人、最出色的軍事領袖。

踏入1960年代，美軍介入越戰。研究盧斯的權威學者W.A. Swanberg表示：盧斯及其傳媒帝國在擴大越戰、拖長越戰，起了巨大作用。他鼓吹骨牌效應，若不擊潰越共，其他東南亞國家便會逐一落入共產黨手中。他對越戰不斷作出偏頗而令人振奮的報道。參眾兩院的議員若對美國參戰提出質疑，他便馬上抹黑。時任美國總統詹森和尼克遜亦樂意得助於盧斯的傳媒影響力，以瞞騙美國人民。《華盛頓郵報》報道五角大樓文件，亦應該從這個背景下了解。越戰後期愈來愈多人看清楚越戰在政治上、經濟上和道德上都是一敗塗地的時候，《時代雜誌》依然固執地挺戰，並在評論版表示：「毫無疑問，中國是亞洲的最大敵人，亦是對世界和平的最大威脅……美國遲早需要拿起與中國開戰的風險」[2]。

中美都應緊記教訓

美中會否一戰？美國智庫 Praeger Security International 10 年前一項研究將政治科學的七套權威理論應用到美中關係，這七家理論的分析結果都殊途同歸：中美一場大規模的衝突無可避免，時間是在 2020 至 2030 年代。中美雙方都應該緊記歷史教訓，不再誤判。

（原刊於 2018 年 12 月 20 日《明報》）

---

2 Robert P. Newman, *Owen Lattimore and the "Loss" of China*. 1992

塑造真實　仿真新聞

九年前我作為講者，出席一項為跨國企管度身訂做的「策略傳播」培訓課程。講台上有另一位講者，是個身形健碩的洋人。我翻看課程單張，驀然發現這位洋人的履歷殊不簡單，包括是美國海軍陸戰隊前軍官。他當時是一家國際公關公司的高級顧問，他的講題是「社交媒體策略」。當時我頗感納悶，這位仁兄的職業路途頗為特別，脫去戰袍搞公關。當天的我是孤陋寡聞了。今天，國際公關公司不單僱用熟悉資訊戰的職業軍人，更有來自間諜部門和情報機構的特務，最吃香的包括令巴勒斯坦人聞風喪膽的以色列情報部門 “Mossad”。他們在國際公關領域上搞甚麼？

真實寫照：假作真時真亦假

「我們塑造真實」。這句廣告標語來自一間典型的由「特務頭子」主導的國際公關公司。公司名字叫 “Psy-Group”，寓意他們的業務是「心戰」，早前列出的業務地點包括香港。執筆時這間公司已停止運作，主要是因為公司被美國「通俄門」特別檢察官米勒調查，影響其業務發展。心戰公司一個常用手段，就是製造大批網絡虛擬人，然後日以繼夜、夜以繼日地散播偽新聞，以達到抹黑、人格謀殺、挑撥離間、散播仇恨、製造撕裂和動盪不安等目的。

虛擬人經過長時間悉心培養，會變成輿論領袖。例如美國一名虛擬人，由公關公司操控，經常就某一項工業議題發表意見，久而久之，虛擬人居然搖身變為該議題的網上名咀，連主流媒體甚至國會議員，都以為這名虛擬人是真人專家，並引用其評論。但這名虛擬人的背後操控者，亦是真人，只是隱藏了真實身分，是貨真價實的「網紅」。她是真的還是仿真的？

我們生活的年代，絕非「假的真不了，真的假不了」的時代；真實的寫照是：假作真時真亦假，無為有時有為無。假的可以亂真，真的可以造假。

散播偽新聞是有組織的國家行為

散播偽新聞的程度如何嚴重？以美國 2016 年總統大選為例，權威雜誌 *Nature Communications* 月前刊登的一份研究，抽樣分析了 3,000 萬條於美國大選時發放的推特（Twitter）信息，發現多達四分之一是偽新聞或極端偏頗的新聞[1]。長期置身於這樣的輿論氛圍下，公民意識會如何發展？面書（Facebook）於美國國會「通俄門」事件聆訊中提交的文件顯示：旨在影響美國大選而源自俄羅斯的信息內容，單單透過面書，便接觸到 1.2 億多美國人，超過美國總人口三分之一，這還不包括在推特發放的逾 13 萬條信息，及在 YouTube 發放的逾千條影片。

除了俄羅斯，以色列有沒有出手？有報道指俄羅斯是「吃了半隻死貓」，以色列才是美國大選最關鍵的幕後影響者。特朗普當

---

1 "Influence of fake news in Twitter during the 2016 US presidential election," *Nature Communications*, 2 Jan 2019.

選的最大境外贏家，並非俄羅斯，而是以色列。特朗普上任後對以色列頻送大禮，不顧國際輿論反對，承認耶路撒冷為以色列首都、承認戈蘭高地為以色列領土一部分、把以色列宿敵伊朗的革命衛隊列為恐怖組織。但美國不會有「通以門」的調查，因為美國和以色列之間是門常開的。上述「通以門」的指稱源自何方？是俄羅斯為洗脫「通俄門」的指控而炮製的另一條偽新聞？還是以色列一個尚未被美國踢爆的陰謀？我和讀者都是「木宰羊」(不知道)。

這是公眾淪為「木宰羊」的年代。精心塑造出來的偽真實，一天復一天、一年復一年傳送到我們眼球，讓人眼花撩亂、真假莫辨。這涉及的不是吃花生看花邊新聞，而是涉及公平和公義的彰顯、民主制度的有效運行、民主選舉的公平結果和社會的安定有序。而散播偽新聞的，亦不是三數名不滿現實的「憤青」，而是有組織的，甚至是由職業特工策動的國家行為。面對這樣環境，香港作為國際通訊中心，應如何自處？

民主國家打擊偽新聞

在西方民主國家中，法國、德國和美國已經通過法例，打擊散播偽新聞。意大利、英國、加拿大和澳洲亦已啟動有關立法工作。法國的條例於去年通過，開宗明義說明其目的是保護民主，以免其受到蓄意散播的偽新聞衝擊；條例並特別針對意圖影響選舉結果的偽新聞散播。

德國的法例使資訊平台必須負責刪除「非法信息內容」，而「非法內容」包括仇恨言論和煽動暴力的言論。任何社交媒體如於收到投訴之後 24 小時之內未能刪除明顯的非法內容，可被罰款 5,000 萬歐元。

美國於 2017 年通過《國家防衛授權法》(National Defense Authorization Act)。與其他國家不同之處，是美國重點不在於界定何謂偽新聞，而是針對「影響美國安全而來自境外的國家或非國家宣傳和資訊行動」。而最新的版本，更加點名針對俄羅斯的信息戰。美國當然不會界定何謂「偽新聞」，因為他們是這方面的老手。為了石油美元霸權以及小布殊競選連任的私利而炮製「大殺傷力武器」的全球偽新聞，以侵佔伊拉克，導致數以十萬計平民死亡。這是偽新聞的血腥。

在亞洲，新加坡已推出法例議案，打擊偽新聞。新加坡法例的邏輯起點，和美國大學校園保障言論自由的邏輯起點有相通之處，就是：並非所有言論都值得同等保護；不負責任的言論，例如仇恨言論及明知是違反事實的偽新聞，對公共討論並無增值，毋須受到保護。新加坡法例針對的是錯誤的事實，而非意見、批評、諷刺等。法例授權有關當局在偽新聞旁邊，加貼澄清錯誤的聲明。此舉亦有公民教育作用，讓受眾可以清楚看到真實是如何被扭橫折曲成為仿真實。

港府宜採措施確保「假的真不了」

本港今年 11 月舉行區議會選舉，明年舉行立法會換屆選舉，2022 年舉行特首選舉。在社會仍然處於對立和撕裂的情況下，選舉手法定必層出不窮。線上線下的偽新聞會不斷湧現，影響民主選舉的公正。在民主國家都不約而同採取行動打擊偽新聞的時候，特區政府亦宜採取有效應對措施，確保「假的真不了」。

(原刊於 2019 年 4 月 11 日《明報》)

病毒、刺殺、不明飛行物

文題這三者有何相同之處？答案是：三者都被美國列為最高機密。美國國務院、國土安全部和有關防疫部門於上周二就新冠病毒向美國參議院作機密匯報，機密的等級為「最高機密」(Top Secret)。如非絕密，不會以此形式。對上有兩次秘密匯報，一次是有關刺殺伊朗將軍蘇萊曼尼，另一次是有關美國戰機多次目睹不明飛行物體。這兩樁都是貨真價實的驚天大秘密。新冠病毒有何機密要獲這最高規格禮遇？

新冠病毒有何機密？

可惜美國參議院在這方面有高度紀律。美國媒體只知道有秘密匯報，但與會者對匯報內容隻字不漏，讓全球 UFO 迷大失所望、新冠疫情關注者大失所望。

面對疫情洶洶，特朗普展示了美國速度。繼上周二的機密匯報之後，他翌日便任命副總統彭斯為抗疫總指揮。彭斯臨危受命後馬上立下封口令：所有美國政府專家和科學家對疫情的任何公開發言必須事先獲他批核。

廣受尊重的美國「國家過敏病及傳染病研究所」所長 Dr. Anthony Fauci 對傳媒表示，白宮向他發出指令：在未獲審批之前不得就疫情發表任何言論。Fauci 在美國的地位，就等於鍾南山於國內、袁國勇在香港。從此這位「美國袁國勇」只能緊貼副總統批閱定調的統一口徑。另一位被統一口徑的是負責健康和公共服務的內閣部長阿扎（Alex Azar）。根據《紐約時報》報道，特朗普任命彭斯而非由阿扎名正言順擔任抗疫總指揮，是因為特朗普認為阿扎「太過危言聳聽」(too alarmist)。

面對疫情　特朗普看到的是選情

特朗普總統過去一個月來一直淡化疫情，不斷重複「毋須恐慌，一切盡在掌控」的樂觀言論。他一眾親信，包括獲頒美國總統自由勳章的電台和電視台名咀林博（Rush Limbaugh），更異口同聲高唱「新冠病毒就如流行性感冒一樣」。但事實放在眼前，特朗普團隊心知美國的疫情絕不樂觀，亦深知美國無可能像中國那樣全國一心，以承擔和犧牲打一場史詩級的抗疫戰，打出國家民族新的自省自強。

美國超強的軍力和科技實力可以在全球耀武揚威。但面對抗疫戰，最先進的武器也無用武之地。致勝要訣是全國為民，全民為國。有了全國為民，才能調動全民為國。美國的體制交不出全國為民，因為面對疫情，特朗普看到的是選情；任何抗疫舉措，必須全為連任，而非全為人民。以他對功利計算的機伶，他清楚知道抗疫在美國是一場沒有勝利的戰爭，以美國應付 2009 年 H1N1 疫情的紀錄，美國的抗疫戰，只能打出慘情，談不上悲壯，更遑論打出自信。

特朗普多次引述美國的低確診情況，作為抗疫成功的指標。

但真實情況是：確診人數低，純粹是因為測試人數少。美國疾控中心勒令只對曾經前往中國和其他疫區或與確診者有接觸的人等進行病毒測試，其他人包括一些有症狀者不會進行冠狀病毒測試。沒有測試，當然不會確診，於是確診人數便可能嚴重被低報。就算涉及死亡病例，亦不會被列為死於新冠肺炎。日本電視台亦報道：懷疑美國目前流感致死的萬多人中，有部分是死於新冠肺炎的。可塑的真實就是：新冠是流感，兩者不割席。以每年數以萬計死於流感的人數作墊底，凡「不測試、無確診」的死亡個案便可以含糊一番，列為正常的「流感致死」數字。

「我說了算」的「可塑造真實」

從參議院機密匯報、委任彭斯實行輿論一律，發動 KOL 高唱「新冠是流感」，配合低測試低確診，特朗普的策略相當清晰。這是一場不見硝煙、不涉及敵軍傷亡數字、沒有爭城奪地的戰爭，加上新冠病毒傳播廣、死亡率較低的特質，真正的戰情如何，是屬於「我說了算」的「可塑造的真實」；在沒有勝利的戰爭，勝利的定義，由朕決定。拜登也好、桑德斯也好，休想以抗疫失敗來奪取總統寶座。特朗普自去年便數次表示彭斯仍舊是他競選連任的副總統人選，但從他把「統一口徑抗疫總指揮」這個黑鑊卸給彭斯來看，我可以判斷特朗普已決定拋棄彭斯作為競選連任的拍檔。這場抗疫戰是彭斯孭鑊被棄的最後任務，是選舉工程所需。

但美國的傳媒精英豈會輕易就範。這場涉及疫戰與選戰的信息戰，是繼美國操控全球輿論抹黑伊拉克藏有大殺傷力武器之後，又一次對美國傳媒道德的測試。全球拭目以待。

如何標籤病毒　是對傳媒道德測試

對傳媒的另一項道德測試，是如何標籤病毒。病疫在武漢爆發初期，西方傳媒紛紛醜化華人。稱中國為「亞洲病夫」，稱病疫是「黃禍」，把紅旗上的五顆星改為五顆病毒，導致世界各地發生仇華事件。事實是中科院一篇權威研究已經清楚指出源頭並非武漢華南海鮮市場[1]。簡單地說，透過基因分析，科學家能精準無誤地列出病毒的演化。在中國各省市和武漢爆發的是病毒第二代和第三代；而從美國發現的，卻是由初代到第二代和第三代都比例均勻地分佈。何處是源頭，至今還是驚天大秘密。

正如於 1918 至 1920 年導致全球數千萬人死亡的「西班牙流感病毒」並非源自西班牙，國際專家多年來的研究直指法國或美國才是真正源頭，西班牙是被污名化了。姑勿論這次源頭來自何方，世衛組織清楚指出不得以地方名字命名任何病毒，以免引致歧視和污名化。例如愛滋不會被稱為「非洲愛滋」。當中國人民在抗疫中打出尊嚴之後，西方傳媒的抹黑已見收斂，並統一使用 COVID-19，中文簡稱「新冠病毒」。惟本港仍有媒體將病毒冠名為「武漢」。不論港人如何崇美崇歐抗中仇共，一旦踏足外地，所有外地人只會視你為華人，不會因為你仇共或拿着當地護照便手下留情。仇華風一起，最親美仇共的華人都會被仇視。抹黑國家，是抹黑自己。

（原刊於 2020 年 3 月 5 日《明報》）

1　"Decoding Evolution and Transmissions of Novel Pneumonia Coronavirus Using the Whole Genomic Data", by Yu Wen-Bin et al. 2020 年 2 月 21 日，中國科學院科技論文預發佈平台。

疫情下的新種族主義

新冠病毒無遠弗屆，衝破國界、地理界限、貧富分界，但卻鞏固了種族分界。雖然美國疾控中心主任在美國國會聽證會親口承認，於去年開始在美國爆發的流感死亡個案中，有個案事後證實，可能是死於新冠肺炎，但病毒的籍貫已在政治操作下被標籤為中國籍。西人從來分不清楚黃皮膚的究竟是中國人或韓、日人，於是一棍子把他們通通打為引發病毒的源頭；讓仇華情緒發泄在所有「黃種人」身上，包括在外國出生、擁外國國籍、接受西方教育、擁抱西方價值觀、自以為已經融入西方社會的高端黃種人。這裏面包括香港人。

新冠病毒鞏固種族分界

「上周我前往超市購置日常食用品，準備和太太及兩名孩子躲在家中避疫……三名穿着連頭笠外套的中年男子正在閒談。其中一人一見到我便皺起眉頭。他的眼神帶着怪責。久違了的感覺重上心頭；我意識到自己是亞裔人，並因此感到有點羞恥。」

以上的內心剖白，並非來自混不入主流社會而只能出入美國唐人街的「小黃種人」，而是來自美籍華人精英楊安澤。他在美國出生，在美國受教育，是哥倫比亞大學法學院博士，成功創業，積極參與公共服務，於 2012 年獲奧巴馬總統頒授「白宮變革領袖獎」。去年底他參加美國總統競選初選，並得到足夠的民意支持度，贏得參加民主黨初選電視辯論的入場券。直至今年 2 月，才因為初選結果不理想而退出黨內初選。如果他的膚色能夠漂白，他會是一個貨真價實的西人。但人類的天性就是這樣，一看到你是黃皮膚，不論你世世代代在西方出生成長，你會被視為非我族類。

他除了膚色之外，擁有並擁抱一切屬於西方精英的氣質和物質，卻因為被西人投以怪責的眼光，而對自己的種族身分感到羞恥。不論他如何成功、如何富足，每天起牀在鏡子看見自己的樣子，總是有永恆的欠缺和伴隨終身的羞恥。

對亞裔仇恨暴力俯拾皆是　傳媒推波助瀾

但相對來說，他還是幸福的。貴為精英，他居住在高尚住宅區，往來無白丁，看他不順眼的高端白人都是文明一族，頂多是在眼神中盡量擠出怪責。其他的亞裔人士沒有他這樣幸運，他們遭受到的不是怪責的眼神，而是兇殘的暴力。新冠肺炎在全球爆發之後，引致全球出現暴力仇亞潮，情況嚴重到令聯邦調查局向全美發出警告，表示針對亞裔人士的仇恨罪行在全美急劇增加。全球各地對亞裔人士的仇恨暴力，俯拾皆是，連理應啟迪民智的傳媒機構，都推波助瀾，例如悉尼《每日電訊報》的標題說「中國兒童留在家」、法國報章 *Le Courrier picard* 的標題說「新的黃禍」。黃禍殃及的是以膚色為分界的黃種人，於是在排華浪潮中受害的不單是華人，歐洲國家發生多宗襲擊日裔人士，包括日本學生受到襲擊，以及有日本餐廳被縱火及破壞。在倫敦，一名就讀倫敦大學的新加坡學生在行經牛津街時被一羣青年襲擊致面骨破裂。亦有韓裔婦女被當眾吐口水、拳打腳踢……

美國亞裔貢獻怎大　都敵不過「黃種人」標籤

如何解決美國人充滿怪責的眼神和兇殘的暴力？楊安澤建議的解決方法是：以前所未有的方法去展示及擁抱「美國氣質」(American-ness)，包括幫助鄰居、捐助物資、參加投票、身穿紅白藍色、參加義工隊、捐款給志願機構，以及盡一切力量令這次疫情危機盡快完結。

教美籍華人穿上象徵美國星條旗的「紅白藍」衣服以增加自己的美國氣質，實屬既滑稽又悲哀。照照鏡子，在紅白藍三色中加了黃色，填補不了永恆的欠缺。萬一這紅黃藍白四色配搭得不好，便多了一條侮辱美國國旗的罪名，隨時被多打兩拳。

但楊安澤其他「增加美國氣質」的建議是好的，為公益而出錢出力，是放諸天下皆宜的高尚行為，值得支持。但這些行為絕非美國獨有的氣質，亦不會讓西人覺得你是美國人。美國亞裔精英的先賢在美國代代相傳的結論是，無論對美國作出怎樣大的貢獻，都敵不過「黃種人」這三個字的標籤效應。在西人眼中，所有不同版本的楊安澤和剛剛從亞洲任何地方飛來首次踏足美國的人一樣，就是三個字：黃種人。

華人應停止污名國家民族　以免污名自己

這亦適用於某些苦戀美國的香港人。新冠肺炎全球爆發，鞏固了種族的分界、標誌着新種族主義元年：不分國籍，只分種族。從今開始，無論你在遊行時如何竭力揮舞美國旗，不論你如何反中抗共，不論你如何熱愛美國的「自由民主」，不論你如何支持和認同美國所做的一切，當你懷着朝聖一般的虔誠踏足美國，當你遙望自由神像心情激蕩之際，當你穿上紅白藍三色衣服，幾乎想在自己額頭上面寫上「制裁中國」，當你興奮地望着當地人，內心疾呼：我和您的價值觀是絕對一致的，我是多麼渴望您的友誼啊！這時，請不要忘記，在所有當地人眼中，你只是一名帶來新冠病毒的黃種人。

如何紓解數以百萬計全球和本港版「楊安澤」的羞恥感？楊安澤的真實原型，是以個人努力和能力，贏得西方的榮譽。但個人的榮譽並不能紓減他內心永恒的羞恥感，因為這份羞恥感源於種族而非個人，只能在種族層面才能解決。當「華人」這兩個字代表了驕傲而非羞恥，天下所有「楊安澤」才會感到驕傲而非羞恥。在中國人數十年咬實牙根的努力下，中華民族開始贏得了尊嚴和驕傲。在全國為民、全民為國的抗疫戰，中國人進一步顯示了民族的優秀、華人的驕傲。但港人作為華人一分子仍然有人藉疫情以污名國家。這些本土污名行為慫恿了西方對中國的污名，甚至有外國議員要中國為疫情爆發而賠償數以萬億美元的賠款，在 21 世紀還要勒索新中國作新的庚子賠款。所有華人包括香港人如果不想在西方被視為滿清遺民，便應停止污名國家民族，以免污名自己。

（原刊於 2020 年 4 月 9 日《明報》）

洗「黑新聞」陰毒過洗黑錢

美國的新聞媒體，是戰爭工具。其多年來的誤導和煽風點火，把善良的美國人民推向戰爭，導致百萬計人的傷亡。2003年美國和西方媒體以眾口一詞的排山倒海之勢，誣衊伊拉克藏有大殺傷力武器，誤導全球人民以便為非法出兵作國際輿論鋪墊。17年後的今天，美國的黑輿論攻擊再次炮聲隆隆，這次瞄準的不是伊拉克而是中國，要調查的不是所謂大殺傷力武器，而是一口咬定為中國引發的全球新冠病疫。

美國黑輿論攻擊再次炮聲隆隆

美國出兵伊拉克之前，有兩星期，各大電台電視在不同時評節目共邀請267位本土名咀作出評論，有官方背景者中，只有一位對出兵提出質疑，其餘都異口同聲表示：非出兵不可。但這樣排山倒海的篩選輿論還不夠，更高明的，是把黑新聞漂白，就像國際洗黑錢一樣，把自己一手炮製的黑材料外銷，在國際其他乾淨企理的媒體大肆炒作，變成了「獨立不涉利益的外國第三方媒體亦證實這段消息」，使黑材料成為更具公信力的國際權威新聞，內銷外售均可。

本月初，澳洲《每日電訊報》刊登五頁紙的「國際獨家」鴻文，網上標題是「檔案展示中國蝙蝠病毒項目」（“Dossier lays out case against China bat virus program”）。文章指稱由西方國家情報機構聯合撰寫的檔案，展示了中國「刻意隱瞞或銷毀有關病毒證據，危及其他國家，導致全球數以萬計人病死」。該文章副標題更說「新冠病毒為生化戰鋪路」。報道出街以後，結果正如所料，英美等西方國家隨即引述，並在電台電視請來多位名咀，個個一臉嚴肅，眾口一詞：這是至今為止最權威的證據，證明中國必須為數十萬死於病疫的人負責！

本月 6 日，美國總統特朗普說：這次病毒「襲擊」，較珍珠港「襲擊」和 9 · 11「襲擊」更嚴重（以上三個引號都是筆者所加）。「這項襲擊應該在源頭便被制止，應該在中國被制止。」情況和 17 年前小布殊對伊拉克「又兇又黑」何其相似。

但這份黑材料很快便被「踢爆」。本月中，澳洲廣播公司新聞特寫節目報道：西方的聯合情報機構「五眼聯盟」表示該份檔案並非由情報機構撰寫，報道並稱其內容為「垃圾」（crap）。該節目和其他澳洲媒體表示，澳洲當局相信該份檔案是由美國大使館一名職員提供給澳洲報章的記者。澳洲前外交部長 Gareth Evans 在評論這份檔案時更表示：「推銷『武漢病毒論』是美國國際公信力棺材上的另一口釘。」

貝理雅「藉蠱惑檔案出兵」　西方領導深以為鑑

為何美國這次「洗黑聞」穿崩？回到 2003 年，美國鐵定出兵伊拉克，英國時任首相貝理雅不顧一切要忠心耿耿跟隨美國出兵，於是炮製了一份指稱伊拉克擁有大殺傷力武器的情報檔案。

其中有部分內容根本不是來自情報機構，而是來自貝理雅的新聞辦公室。這份檔案成為貝理雅出兵最大的理據。13 年後、死了逾 50 萬伊拉克平民後，英國於 2016 年 7 月 6 日發表官方調查報告，指出貝理雅扭曲情報，以支持出兵。貝理雅在記者會含淚道歉：「很明顯，我們當時所得的情報是錯的……」他的所謂情報檔案，之後一直被稱為「蠱惑檔案」(Dodgy Dossier)。「藉蠱惑檔案而出兵」從此讓貝理雅抬不起頭，亦會是他將來蓋棺論定內容的唯一和全部。西方領導當然清楚並深以為鑑，故此澳洲媒體的「中國蝙蝠病毒檔案」出爐幾天，便被踢爆為又一份蠱惑檔案。

前港督彭定康在他的回憶錄 *Not Quite the Diplomat: Home Truths About World Affairs* 有一段話坦白得讓我替他羞愧。他說：在涉及實際利益的議題上，英國對着美國能做到的，最多只是影響其過程，影響不到結果；英國只是美國西裝領上的一枚「多邊主義胸針」，為美國的獨斷獨行遮醜。該書寫於 2005 年。15 年後的今天，美國仍然是獨斷獨行的全球霸主，但西方國家亦開始偶有輕微的獨立外交氣象。英國現任首相約翰遜，起碼不會像貝理雅那樣，甘當美國的一枚遮醜胸針，例如對中國電訊商華為，沒有忠心耿耿跟足美國的趕盡殺絕。

美軍方前二號人物　提供中美另一出路

但一份蠱惑檔案被踢爆，對美國是小事一樁。其資訊戰從來是一浪接一浪的排山倒海，以調動全球對中國動手。如此下去，如何是好？美國參謀長聯席會議前副主席，亦即美國軍方前第二號人物歐文思將軍(Admiral Bill Owens) 在其新書 *China-US*

2039: The Endgame? 中作沙盤推演，如果中美雙方選擇對抗，結果會是：「中美在南海發生軍事衝突，雙方都動用了戰術性核子武器，但尚未升級至使用戰略性核武，衝突持續兩個月，沒有一方獲勝。到雙方同意停火時，中國損失了其大部分空軍和海軍力量；美國在南海的海空力量亦嚴重受損，毀掉了等同其全球一半軍力。兩國都受到根本性的衝擊，雙方的政府均告倒台。」這情況對全球來說是大災難，對香港是沒頂之災。

但歐文思將軍亦提供了中美另一出路。如果雙方願意化對抗為合作，他的沙盤推演便得出美好結局：「中美合作對抗氣候變化、緊密並長期在科研和醫學上合作、兩國達成自由貿易協議、達成不首先作太空攻擊協議、台灣同意與北京在一國的框架內進行國家統一談判。」如此良辰美景，全球人民和全港市民定當生活得甜滋滋。

如甘願充當美國棋子　是背棄良心和公義

美國《時代雜誌》創辦人盧斯（Henry Luce）支持國民黨、仇視共產黨，該雜誌於 1927 至 1955 年間，10 次以蔣介石作為封面人物，並極度描黑共產黨和新中國。歷史學家和美國普立茲新聞獎得主白修德（Theodore White）結論：「沒有盧斯的新聞誤導，不會有韓戰，亦不會有越戰。」兩次戰爭中包括平民的死傷以百萬計。韓國和越南對美國安全構成甚麼威脅？美國侵略伊拉克一年之後的 2004 年 5 月 26 日，美國媒體中鼓吹出兵伊拉克最賣力的《紐約時報》刊登聲明，承認在報道伊拉克擁有大殺傷力武器時，該報「並無做到應有的嚴謹」。一紙道歉的背後是逾 50 萬平民因戰禍而喪生。

美國好戰記者筆端所沾的鮮血，遠超筆尖流出的墨水，他們甘當美國極右鷹派人物「洗黑新聞」的戰爭工具。香港的建制派和泛民雖然政見不同，但出發點都是希望有更美好的香港，屬內部矛盾。但如果甘願忠心耿耿充當為美國的棋子，所背棄的不單是國家和民族，更是良心和公義。

（原刊於 2020 年 5 月 21 日《明報》）

血腥的美國新聞自由

新聞自由的動人故事，未能遮蓋自由新聞的荒誕和血腥。《華盛頓郵報》女社長捍衛新聞自由而成為英雄；一名年輕女兵卻讓自己從英雄跌落平凡，以揭發假新聞的荒誕。美國 20 歲女兵 Jessica Lynch 的動人故事，應該使美國的媒體精英抬不起頭來，尤其是看了有關新聞自由的荷李活電影《戰雲密報》後。

該齣電影講述女社長頂着政府強大壓力，決定刊登被列為最高機密的「五角大樓文件」。她下達指令：「去馬、去馬、去馬，我們上，我們刊登。」[1]

三聲「去馬」讓她名垂新聞史，亦令我想起美國年輕女兵 Jessica。她被美軍特種部隊從伊拉克手中救出時，槍聲卜卜，夾雜美國特種部隊三聲急速呼叫 "Go, go, go!" 美國大兵三聲呼叫和傳媒英雌三聲去馬，同樣名留青史。時為 2003 年，美軍侵略伊拉克。4 月 2 日世界多家電視台播出美軍特種部隊在黑夜槍火閃耀中攻入伊拉克醫院，救出被伊軍俘虜的年輕女兵。美國大兵的「戰地三叫」，充滿荷李活戰爭片味道。

一個多月後英國《衛報》於 2003 年 5 月 15 日一篇報道 "The

---

1 *Go Ahead, Go Ahead, Go Ahead. Let's go. Let's Publish.; Personal History by Katharine Graham*, p.450

truth about Jessica" 引述目擊者回憶：「場面好像荷李活電影。美軍在叫 "Go, go, go"，混雜着槍聲和爆炸聲。他們好像電影裏的史泰龍或成龍，有人在叫，有人在跳，大門被踢破……」

為新聞真實　拒絕英雄光環

荒誕的是，這條像荷李活電影「蘭保」式的戰地新聞片確實是由美國國防部用荷李活拍電影手法炮製出來的偽新聞，然後當作戰地新聞發放，欺騙人民、欺騙世界。上述《衛報》報道形容該場「營救劇」為「最令人歎為觀止的新聞操作」。美國國防部訛稱該年輕受傷女兵曾英勇地和伊拉克軍隊駁火，中彈並被刺傷後，繼續搏鬥彈盡被俘，並在醫院被強姦。原來這一切都是作假。《衛報》引述派駐戰場的英軍新聞官 Simon Wren 表示：美方的新聞處理手法「令人尷尬」。他說：美國新聞媒體面對這樣新聞創作卻不對美國軍方施予任何壓力，讓美軍毋須作任何交代。美國傳媒精英為何對如此荒誕地炮製新聞而不大聲譴責？

最有資格指證美國以荷李活電影手法來作假新聞的，是當事人。年輕女兵四年後在美國國會聽證會上作供：她受傷是因為所乘坐的軍車翻側，事件中她未曾開過一槍；伊拉克醫院醫生對她悉心照顧。《衛報》2007 年 4 月 24 日有關報道的標題是「『少女蘭保』譴責美國宣傳」(""Little girl Rambo" decries US propaganda")。文中引述她說：「他們把我包裝為『少女蘭保』……我不明白他們為何要說謊。」

女兵來自基層家庭，離開軍隊後為生活奔波。只要她配合美軍劇本演下去，便可以帶着國家英雄的光輝、拿着動人劇本到處演講出書，金錢榮譽不會少。但是她為了新聞的真實，拒絕了英雌光環。傳媒英雌三聲「去馬」贏得捍衛新聞自由的光環；年輕女兵踢爆美國大兵「戰地三叫」的荒誕，其道德勇氣讓自己從英雄跌落平凡。民間平凡的動人，猶勝光輝英雄的動人。

近代世界史最大規模的新聞失格

美軍三叫的荒誕背後，是近代世界史最血腥的侵略、最大規模的新聞失格。傳媒集體散播虛假新聞，把中東文明古國抹黑為世界公敵，誤導輿論發動戰爭，以助小布殊連任總統和鞏固美國在中東的石油霸權。

推動入侵伊拉克輿論最落力的媒體是美國大報《紐約時報》。一年多之後、50 多萬伊拉克家庭妻離子散後，該報於 2004 年 5 月 26 日以編輯部名義刊登聲明，承認在報道伊拉克擁有武器以及與恐怖組織關聯時該報「並無做到應有的嚴謹」。1,153 字的聲明道出了新聞失格的沉重。

數年前，哥倫比亞大學一位新聞系教授來港作論壇主講嘉賓，他侃侃而談美國新聞界如何監察政府和公權。在答問環節我舉手發問：為何以美國傳媒的優良傳統，竟可成為荒誕和血腥的幫兇？我並非借題發揮要他尷尬，而是誠心想了解傳媒為何如此集體失格。總算是哥倫比亞大學新聞系，他沒有文過飾非，而是沉重地回答：這是美國新聞界有史以來最大失誤。

但這不是失誤，而是共謀。《紐時》記者之中編造最多失實報道以鼓吹好戰輿論的，是曾獲普立茲新聞獎的女記者米勒 (Judith Miller)。該報編輯 Byron Calame 於 2005 年 10 月 23 日

發表題為 “The Miller Mess”（〈米勒的一團糟〉）評論說：「米勒於 2002 至 2003 年一連串報道指薩達姆已擁有或正在取得大殺傷力武器。其後她很多報道被發現不準確……她難以回到本報繼續當記者。」兩周後米勒離職。

1971 年五角大樓文件曝光後，美國人民發現政府在越戰問題上瞞騙國人，激發大規模遊行示威。反之，2003 年美國大兵「戰地三叫」營救劇的荒誕和大規模虛構伊拉克大殺傷力武器的假消息以誤導國民曝光後，卻沒有遊行示威、沒有聲討。2018 年特朗普上任一年，慣常地發放假新聞，只是平常不過。這叫「後真相」時代。

港人傾慕美國「新聞自由」表錯情的畸戀

踢爆美國偷聽全世界的斯諾登和女兵同年出生，2003 年時 20 歲，希望參軍並派往伊拉克「去幫助受壓迫的人民」。但他終於沒去伊拉克，2004 年便離開軍隊。10 年後他把美國偷聽全世界的機密檔案交給了當年踢爆美軍戰地假叫的《衛報》。

2003 年對新聞界而言也是血腥的一年。據一項報道，逾 150 名記者和 54 名媒體支援人員喪生，包括美軍對半島電視台的多次空襲。當年香港風雨飄搖：張國榮自殺、梅艷芳病逝、SARS 襲港、50 萬人上街遊行。西方民主大國的荒誕和血腥也就這樣波瀾不興。

15 年後今天，在中東更多荒誕和血腥後，仍然有港人傾慕美國的「新聞自由」。這是對血腥的美國「自由」新聞表錯情的畸戀。

（原刊於 2018 年 3 月 1 日《明報》）

古道吟

進入才女的靈魂深處

我不顧中國文學老牌學者的痛苦禁忌，決意追尋他們眼中絕代才女的不堪。於是我千里迢迢飛到上海這座公寓，就在六樓的小洋房裏，一代情魔兼公認漢奸胡蘭成令冰清玉潔的絕代才女張愛玲「歡喜得欲仙欲死」。文壇學者對張愛玲的文采高山仰止，研究她著作時敬畏得好像清教徒研究《聖經》裏耶和華所說的每字每句。這樣的虔誠，豈容品評這段不堪入目的愛情，任何品評都是對女神的褻瀆。但我不讓文學成為宗教，拿着情魔的自傳《今生今世》和女神的《色戒》，來到四十年代的玉樓春曉。

玉樓在上海靜安寺常德路195號常德公寓。我在公寓大門驀見余秋雨先生寫的牌匾：「現代作家張愛玲女士曾在這座公寓裏生活過六年多時間……在這裏完成了她一生中最主要的幾部小說創作，因此，這座公寓在中國現代文學史上佔據着特殊的一頁。」

胡蘭成自傳式的羣芳譜《今生今世》中有這樣的描述：「她如此兀自歡喜得詫異起來，會只管問：你的人是真的麼？你和我這樣在一起是真的麼？還必定要我回答，倒弄得我很僵。一次聽愛玲說舊小說裏有『欲仙欲死』的句子，我一驚，連聲讚道好句子，問她出自哪一部舊小說，她亦奇怪，說：這是常見的啊。其實卻是她每每歡喜得欲仙欲死，糊塗到竟以為早有這樣現成語。」如果博覽羣書的胡蘭成沒錯，這情色小說裏的高頻四字詞原來是張愛玲所創。

我們毋須心邪。「欲仙欲死」可以是純粹精神上兩情相悅的昇華，並不一定是情色小說裏「事後一支煙」之前的肉慾橫流。反而是張愛玲問：「你的人是真的麼？你和我這樣在一起是真的麼？」這樣的夢幻迷惘，清純得毋須用還原工程法便可看到這樣的畫面：她事後含羞答答依偎在他的臂彎，芊芊手指不自覺地在他胸膛輕輕的畫着小圓圈，然後悄悄問。這個夢一般的問題，亦只能在這樣的氛圍才來得自然。當年她青葱 23 歲，他是熟男 38 歲。

這位情魔征服才女的過程快、狠、準。他在雜誌讀到她的文章，驚為曠世才華，便去求見，不果。於是在她的公寓門洞遞進紙條，道明來意。他當時貴為汪精衛日偽政權宣傳部的副部長。翌日，她應約見面。「她坐在那裏，又幼稚可憐相，待說她是個女學生，又連女學生的成熟亦沒有。」第二天，他再去看她，在她房裏坐了很久，談得男歡女悅。「從此我每隔一天去看她。才去看了她三、四回，張愛玲忽然很煩惱，而且淒涼。女子一愛了人，是會有這種委屈的。她送來一張字條，叫我不要再去看她，但我不覺得世上會有甚麼事沖犯，當日仍又去看她，而她見了我仍亦又喜歡。以後索性變得天天都去看她了。」

她為何淒涼和委屈？我在玉樓徘徊了一會，驀然明白：他對她作了第一次的性侵。「女子一愛了人，是會有這種委屈的」這句是他在事後一支煙飄飄然之際所寫下充滿哲理的性侵後記。色魔的行徑、情魔的心術、文魔的無恥，在胡蘭成身上找到了完美的結合。

一天，他說起她登在雜誌上的一張照片，翌日她便取出給他，照片背後寫着：「見了他，她變得很低很低，低到塵埃裏，但她心裏是歡喜的，從塵埃裏開出花來。」天之嬌女自墮塵埃，文壇大師是不忍心引述的。胡蘭成在《今生今世》說得坦白：「晨出夜歸只看張愛玲，兩人伴在房裏，男的廢了耕，女的廢了織，連同出去遊玩都不想，亦且沒有工夫。」其餘亦不必細表，不忍品評。

我坐在常德公寓樓下的咖啡店翻閱《今生今世》，結論是：由他們第一次見面，到性侵、到她依偎着他用手指在他胸膛輕輕地畫圓圈，大概是一個月。他們結婚時沒有舉行儀式，只寫婚書為定：「胡蘭成張愛玲簽訂終身，結為夫婦，願使是歲月靜好，現世安穩。」日本戰敗，漢奸逃亡。情魔說：「我必定逃得過，惟頭兩年裏要改姓換名，將來與你雖隔了銀河亦必定找得見。」她道：「那時你變姓名，可叫張牽，又或叫張招，天涯海角有我在牽你招你。」

胡蘭成在上海玩弄才女時，在南京已搭上年方十八的護士小周。按《今生今世》裏胡蘭成對八朵金花的品評描述，若以年輕貌美作排行榜的話，小周排名第一。「雖隔了銀河亦必定找得見」是他一貫信口開河裏的一滴口水，但對張愛玲來說是刻骨銘心的全部；她的「天涯海角有我在牽你招你」是她傾注一生感情的盟誓，亦是她將小說的浪漫轉化為自身的牽掛。張愛玲定期寄錢給避匿於溫州的胡蘭成，1946 年，交通條件極度困難，被一眾文壇大師憐惜為「從不懂得照顧自己」的才女無畏萬水千山，來到溫州，送來30萬元的稿費積蓄。不介意他有妻室不介意他挾妓遊玩的才女，要求心中的男人在小周和自己之間作出選擇。文魔表示：「我待妳，天上地下，無有得比較。若選擇，不但於妳是委屈，亦對不起小周。」無瑕可擊的哲理，終於讓才女猛然醒悟，盟誓只是自欺的文學想像。這一刻已注定了張愛玲從此與人隔絕的一生。

張愛玲在小說《色戒》中講述女大學生接受任務，色誘漢奸易先生以設計刺殺。但她和他發生了關係後態度改變，最終在千鈞一髮之間警示漢奸，讓他逃過一劫。胡蘭成是小說裏漢奸的原形。張愛玲在《色戒》的卷首語說：這個小故事曾經讓我震動，因而甘心一遍遍修改多年，在改寫的過程中，絲毫也沒有意識到三十年過去了，愛就是不問值不值得。《色戒》裏有一句話：通往女人靈魂的通道是陰道。我獨自坐在常德公寓的咖啡店捧着《色戒》，不忍卒讀；走到街頭，我把《今生今世》隨手投入垃圾桶，永不再閱。

（原刊於2020年6月14日《香港01》）

咱家門口不就是長江嗎？

這句話驚心動魄，因為她不是在暢談家門口「河平兩岸寬」的明媚春光，而是在說：我準備隨時投江自盡。如此冷峻決絕，卻出自溫柔婉約的美人才女林徽因。抗日戰爭時，林徽因逃避戰禍而曾經棲居四川小鎮。她的幼兒問她：要是日本人打到四川了，我們怎麼辦？林徽因平靜地回答：「中國讀書人不是還有一條老路嗎？咱家門口不就是長江嗎？」

林徽因是上世紀三十年代天下第一女神，大批哥兒為她着迷；風流詩人徐志摩對她展開瘋狂式的追求，並為她拋棄原配。美國哥倫比亞大學博士、中國哲學泰斗金岳霖因她而終身不娶，一生作她的鄰居，並在她病逝後寫下輓聯：「一身詩意千尋瀑，萬古人間四月天。」連長輩胡適亦曾對她動情。她答允嫁給梁啟超之子梁思成時，他心知追求她的全是頂級暖男，於是問她：「有一句話，我只問這一次，以後都不會再問。為甚麼是我？」她回答：「答案很長，我得用一生去回答你。準備好聽我了嗎？」這句回答的萬縷柔情千般賢慧，遠勝我讀過最經典愛情故事裏最動人的對白。如此絕代佳人，竟然溫柔地吐出「家門口便是長江」的冷峻決絕，迫使我捧着幾本不同年代不同作者的《林徽因傳》，追尋她千芳一哭的決絕。

長江和黃河，中國的母親河。在民族受到侵略者蹂躪而無力反抗時，忠貞的女兒總是把一雙布鞋整齊地放在江邊，然後一躍而下，投入母親河的懷抱。滔滔江水慰芳魂，中國的大江大河，經歷了一百多年外敵入侵，收容了全球最多自盡的紅粉英魂。

江山有幸，林徽因毋須投江自盡，否則共和國的國徽亦會不同。我按着林徽因傳記的描述，尋找在那個殘暴血腥年代才女的足迹。她的足迹引領我來到四川長江畔的一個古鎮，名叫「李莊」。

那年，我們從宜昌坐船逆流而上，經過重慶、抵達宜賓，再乘車到達江邊古鎮李莊，行程歷時三天。還記得第二天一早，忽聞船上人聲喧嚷，我走出甲板，見到多人興高采烈指着岸邊山腰上的一座白色古建築物，有人在叫「白帝城」！才知原來這就是詩人李白筆下「朝辭白帝彩雲間，千里江陵一日還」的白帝城。當時心想，探完李莊，定必要一遊白帝城。但繼續逆流而上，還有「更喜岷山千里雪」的岷山，又豈容錯過。

我手上拿着費慰梅（Wilma Fairbank）所寫的《林徽因和梁思成》來到李莊，就是林徽因隨時準備投江自殺的古鎮。費慰梅是抗日戰爭時重慶美國大使館的文化參贊，她的丈夫費正清（John King Fairbank）是使館新聞處處長，其後成為美國著名的中國研究學者。今天哈佛大學「費正清中國研究中心」，就是為紀念他而成立。費正清在著作中曾經說：徽因和思成是我在中國最好的朋友，亦是我在這世界最好的朋友。他們四人的友情，可見一斑。

費正清於 1942 年 11 月 4 日專程前往李莊，探望梁思成、林徽因夫婦。《費正清對華回憶錄》有這樣的描述：「我簡直不相信自己的眼睛。他倆有床單但沒有肥皂；有鋼筆鉛筆但沒有紙張。他們都已成了半殘的病人，卻仍在極端艱苦的條件下致力於學術。我深深被我這兩位朋友的堅毅精神所感動。在那樣艱苦的條件下，他們仍繼續做學問。倘若是美國人，早已丟開書本，把精力放在搞好生活條件上去了。然而這些受過高等教育的中國人卻能完全安於原始生活，堅持他們的工作。」

費慰梅的描述是：看到李莊連最起碼的生活設施都缺乏時，我感到很震驚。李莊和外界的唯一聯繫是河船，沒有電話、沒有電、沒有車子或驢、馬。甚至從江邊通往山裏的小徑，也只是僅容兩人通過的梯田的踏腳石。難怪在這與世隔絕的農村，居民是如此落後、迷信、貧窮和疾病纏身。林徽因當時患了嚴重肺結核，費正清欲安排她倆前往美國治病和工作。一旦到了美國，健康幸福是最起碼的保證。對常人來說，這是莫大的誘惑。但她決絕回答：國家正遭危難，不能在這個時候離開。她逃過了投江自盡，但她的決絕，最終要了她的命。

林徽因和梁思成都是留學美國唸建築，兩人在李莊極度艱苦下完成了劃時代的巨著《中國建築史》，林徽因更以抱病之身，協助梁思成完成英文註釋的《圖像中國建築史》。在烽火連天的歲月，他倆把珍貴的手繪《圖像中國建築史》原稿交託給費慰梅。十年後，梁思成於 1957 年輾轉託人傳口信，要求在美國的費慰梅把手稿郵寄英國一名友人。手稿寄出後，音訊全無。費慰梅不愧是摯友，多年來不斷追尋，於 1980 年在新加坡找回手稿，並於 1984 年安排美國麻省理工學院出版。該書一面世即獲得「全美最優秀出版物」榮譽和美國出版家專業及學術書籍金獎。這是梁思成和林徽因在李莊艱苦奮鬥留下的文化遺產。今天的李莊已經是中國建築史基地，並且保留了林徽因和梁思成簡陋的故居，讓我們無限緬懷。

解放後，兩人返回北京，梁成為清華大學建築系主任，林徽因則成為清華大學市鎮設計教授。1949 年 7 月，距離中華人民共和國成立不到三個月，政府向全國公佈徵求國旗、國徽的設計和國歌的詞譜。林徽因日以繼夜工作，因勞累過度而病倒，其設計終獲得評選會議通過成為國徽，這是莫大的榮耀。她應邀出席會議時站在台上，擁有「我用一生回答你」文采的詩人才女，激動得說不出一句話來。

1953 年，林徽因的肺結核已感染腎臟，她抱病為天安門人民英雄紀念碑設計基座的浮雕。1955 年 4 月，50 歲的林徽因在北京同仁醫院病逝。沿着她一生的足迹，我見到真實的林徽因。她笑妍如花，文采風流，遮蓋她一身鋼鐵意志。手上多本林徽因的傳記，竟無一句點出她的真實：如花美人，亦可以是鐵娘子。

（原刊於 2020 年 9 月 5 日《香港 01》）

青山處處埋忠骨

為了一祭青年英魂，我曾飛往遠方的青山，卻苦無機會親臨他埋骨之地。多年後的今天，我懷着記憶中的遺憾，埋首在圖書館看遍有關韓戰的中外典籍，嘗試重組其犧牲案情。像他這樣的犧牲，為數千千萬萬，灑遍漫山曠野。了解他的犧牲，就是了解一整代青年的承擔和犧牲。他一生顛沛流離，是那年代青少年的集體經歷；他犧牲時 28 歲，是那年代典型的犧牲年齡，正如他母親犧牲時亦只有 29 歲。他母親是在鬥爭的歲月被敵人關進陰冷森嚴的監獄、受盡折磨後遭處決。那年，他才八歲，和母親一起被關進黑牢，經歷了陰森的牢獄和母親的受刑後他被釋放，然後和他兩名分別為三歲和五歲的弟弟流浪街頭，靠賣報紙、拾破爛、撿煙頭等謀生。三歲的弟弟在流離失所中下落不明，有說病死；五歲的弟弟被人打傷頭，從此有精神問題。這種悽苦，在那個年代是平常事。他終於捱過去，長大成人。

1950 年韓戰爆發，他自願參軍，在抵達朝鮮戰場個多月後，於 11 月 25 日，遭美軍空襲時投下的燃燒彈燒死。他的名字叫毛岸英，是毛澤東的長子。我記着這個被遺忘的歷史性日子，在圖書館翻遍中美有關韓戰的典籍，包括原始文獻、歷史學家的研究著作、參戰軍人回憶錄、戰地日誌、官方報道等。我努力尋找七十年前那場空襲的一切資料，但在書堆裏尋尋覓覓，找到的是難以想像的慘烈，數十萬青年的死傷，永遠不能彌補的失去和悲痛。

美國為何千里迢迢把數以萬計青年送到嚴寒戰場？新中國成立不到一年，經歷抗日戰爭和解放戰爭，步履艱難，百廢待舉，為何讓裝備簡陋的青年志願軍橫渡鴨綠江，與美軍和西方聯合軍作殊死戰？韓國人民所犯何罪，為何兩個大國派百萬大軍把他們的家鄉變成戰場？

儘管參戰雙方的論述受意識形態影響而有所偏頗，雙方都醜化敵軍，美化自己，但戰爭的慘烈程度及多場戰役的輪廓，雙方的描述還是高度脗合。一名美軍的回憶錄記載：「薄柏仕是我認識的最英勇指揮官，他有鋼鐵般的意志，每次戰役他都身先士卒。那天我看見他孤軍一人，蹲在戰場，無視子彈在身旁橫飛。我趴過去，才發現原來他在失控地哭泣。」另一名美國隨軍記者報道：美國海軍陸戰隊被中國志願軍圍剿，少數士兵在兵荒馬亂中逃出生天。他們目光呆滯，步履蹣跚。記者問士兵：如果現在給你一個願望，你最想要甚麼？士兵木訥地回答：「給我明天。」2010 年美國軍事歷史學家出版韓戰紀實，書名是《給我明天》。

美國格里斯蘭大學的韓戰研究中心主任艾維斯（Paul Edwards）把美國在韓戰中大小戰役全盤記錄下來。他出版了一本參考書，叫 *Combat Operations of the Korean War*，書內詳列由 1950 年 6 月韓戰爆發至 1953 年 7 月雙方簽署停火協議三年多之間，美軍大大小小每一項有記錄的軍事行動，並按照行動的性質分類為地面部隊、空軍、海軍、特種部隊和實驗性行動，以及秘密和隱蔽行動。但 1950 年 11 月 25 日的軍事行動記錄卻是一片空白。之前一日的 11 月 24 日倒有一項代號「解凍行動」(Operation Defrost) 的軍事行動。兩個月前，美軍成功在仁川登陸，把朝鮮軍隊殺得潰不成軍，美軍勢如破竹，直取漢城，春風得意的美軍統帥麥克阿瑟將軍誇下海口，公開宣稱戰事將於聖誕結束，美軍可準備回家度聖誕。「解凍行動」就是調動其中一支美軍，準備返回後方。這項無關痛癢的軍事調動也有清楚記錄，何解美國空軍以燃燒彈轟炸中國志願軍指揮部如此重要的軍事行動竟毫無記錄？我逐一翻查「空軍」類別下的所有軍事行動，亦翻查秘密行動、特種部隊行動，大大小小有數百項行動，這些行動與中國出版的各類韓戰史料脗合，但是對那天改變歷史的轟炸就是隻字不提。

英文版有關韓戰的書籍刊物為數甚多，由上世紀五十年代到今年出版的都有，但竟然沒有任何炸死毛岸英的一手資料，偶有簡單提及，一看便知是抄襲中文資料。我的結論是：那一場精準轟炸是美軍斬首式的絕密行動，目標是中國志願軍總司令彭德懷，七十年後的今天，還未解封。

有關毛岸英之死的中文史料不多，而且一手資料也只得三數名親歷者，因為毛岸英的身份絕密，只有少數最高層人士知道。較為官方的史料如副司令員的回憶錄，內容頗為一致，就是 11 月 25 日上午，美軍飛機飛臨志願軍指揮部上空，投下凝固汽油彈，落在指揮部房子頂上，房子即時燃燒起來。毛岸英在房子內，屍體被燒焦；彭德懷不在房子內，避過一劫。

有歷史小說和野史則繪影繪聲，例如說志願軍的指揮部屬高度機密，美軍竟然能夠精準知道地點，是因為被朝鮮叛徒出賣，把情報提供給美軍，事後彭德懷震怒之下，提槍直闖朝鮮領袖金日成總部興師問罪。這些野史是真是假，難以定奪；但以當時未有間諜衛星，連 U-2 高空偵察機都未有，美軍卻可以作出外科手術式的轟炸，當中必有內情，故此美軍資料亦隻字不提。

那年我和大學訪問團到平壤科技大學交流，一切行程由東道主安排，不設自由行程，我沒機會前往位於平壤以東約 100 公里的志願軍烈士陵園，那裏是毛岸英和無數和他一樣的青年長眠之地。

韓戰初期，美軍節節勝利，中國警告美軍不得越過三八線，但美軍司令麥克阿瑟不聽，超越三八線，威脅中國本土安全，導致中國出兵。雖然美軍佔有絕對軍備優勢，但美軍第 8 軍被中國志願軍打得潰不成軍，美軍第 10 兵團幾乎被殲滅。美軍被擊敗的消息傳到美國後造成恐慌，以為中國軍隊會打到美國。1950 年 12 月 16 日，美國總統杜魯門宣布美國進入緊急狀態，但美國很快明白這是歇斯底里的虛驚一場，麥克阿瑟被中國志願軍打到焦頭爛額，竟然違反總統命令鼓吹動用核武，終於被解除職務奉召回國。1953 年，志願軍把美軍和西方聯軍打到坐下來簽訂停火協議。這是埋骨青山英烈所創造的奇蹟。

（原刊於 2020 年 8 月 9 日《香港 01》）

楊振寧的兩次淌淚

男兒有淚不輕彈。諾貝爾物理學獎得主楊振寧教授只有兩次公開淌淚，都是為了同一個人。第一次是在上海市領導為他設的晚宴上。楊振寧這樣寫：「席中有人送了一封信給我……這封短短的信給了我極大的感情震盪。一時熱淚滿腔，不得不起身去洗手間整容。事後我追想為甚麼會有那樣大的感情震盪……我始終想不清楚。」

時為 1971 年，楊振寧離鄉赴美二十六年後首次回國訪問，是中國 1964 年第一次原子彈試爆成功後七年。今天，我們回顧美國對伊朗及朝鮮核能計劃的極限施壓，為何美國當年會坐視不理，讓中國順利試爆原子彈？答案是美國絕非坐視不理，而是已經制定軍事行動，計劃以空襲把中國全部核能設施連根炸毀。

美國一向視朝鮮為邪惡軸心，實施全面制裁，但一俟北韓成功試爆原子彈後，美國便笑着坐下來和朝鮮對話。中國亦是一樣，原子彈改寫了中國的國運，而拯救了中國原子彈免受摧毀的，是千里之外美國狙擊手的一顆子彈。

美國早於 1952 年便曾經派遣海軍陸戰隊空降東北，摧毀中國原子能實驗室。詳情可見當年參與行動者的自傳。到了 1960 年，美國間諜衛星開始運作，對中國核能設施進行全天候監控。

儘管如此，中國成功試爆原子彈的日期，較美國中央情報局的評估來得早。而且美國和其餘三個原子能國家英國、蘇聯和法國均以為中國會和他們一樣，用「鈈」作核原料。但試爆成功後，美國透過輻射分析出中國用的是「鈾」，這技術難度更高，讓美國大感意外。

據解封了的美國機密檔案，美國總統甘迺迪自 1961 年 1 月上任以來，便高度關注中國的原子彈計劃。甘迺迪敵視中國，曾多次公開表示，一旦中國擁有原子彈，整個東南亞便會墮入中國共產黨手中。甘迺迪一方面勒令軍方制訂軍事行動方案，以摧毀中國核設施，另一方面利用中蘇當時的緊張局勢，積極聯絡蘇聯，採取聯合軍事行動對付中國的核設施。

1963 年 11 月，甘迺迪於德州遇刺，狙擊槍一彈奪命。副總統詹森臨危受命陣腳未穩，加上忙於應付越戰等問題，以軍事行動摧毀中國核設施的議案，便被按下不表。美國國內的政治暗殺，竟然無意中拯救了中國的原子彈計劃，改變了中國的歷史進程，進而改變了世界。這是全球地緣政治中蝴蝶效應的範例。

直到今天，仍然有人譏諷中國在人民沒飯吃沒褲穿的上世紀六十年代好大喜功，發展只能耀武揚威的原子彈。「事實是假若中國沒有『兩彈一星』，美國早已對中國好像對伊拉克、敘利亞那樣動武了。」一名本港大學副校長對我說。是的，就是在吃不飽穿不暖的年代，中國竟然有本事成功研發原子彈、氫彈、發射人造衛星。沒有當年研發的『兩彈一星』，今天美國根本毋須和中國打貿易戰。將原子彈和飛彈對着中國，美國要甚麼便拿甚麼。楊振寧曾說 1964 年中國爆炸了第一顆原子彈，1967 年中國爆炸了第一顆氫彈，「這些日子是中華民族完全擺脫任人宰割時代的新生日子。」

從理論、設計，到落實製造原子彈和氫彈的共和國「兩彈元勳」，是香港人較陌生的名字：鄧稼先。他較楊振寧年幼兩歲，兩人是同鄉，亦是小學中學大學的同校同學，兩人都屬天才人物，情逾手足。1948 年，鄧稼先從舊中國赴美深造，只用了兩年，便在普渡大學取得通常要四、五年才獲取的物理學博士學位。得到博士學位後，馬上辦理手續，第九天便乘船回到立國才一年的新中國。時為 1950 年，韓戰爆發。他和其後「兩彈一星」中負責衛星工作的科學家錢學森登上同一艘輪船「威爾遜總統號」。

但錢學森先生的行李剛搬上船便被扣了下來，被美國軟禁了五年，不准回國，因為錢學森先生對衛星的頂尖知識，被美國軍方認為抵得上五個師。鄧稼先只在美國留學兩年，可能美國以為兩年不會學到甚麼頂尖知識，於是放行。美國軍方想不到這年輕科學家，同樣抵得上五個師。

中國知道美國對原子彈工程全天候監控，故此鄧稼先回國後負責的原子彈工程屬絕密級別，而且是遠赴羅布泊沙漠地區，經年累月不能和家人會面，他夫人連他的工作地點都不知道。他對妻子說：「我今後恐怕照顧不了這個家了，這些全靠你了。」他妻子在《鄧稼先傳》這樣記載。

鄧稼先以無窮盡的智慧和堅毅，在刻苦的沙漠帶領新中國從零開始，自主研發了原子彈。七年後楊振寧首次回國，已是帶着諾貝爾獎的光輝。他除了父親之外，第一位要見面的，就是鄧稼先。兩人暢談闊別二十二年的年輕舊事和最新國際情況，極其歡愉，但就是不談鄧稼先的工作。

楊振寧心中的疑問一直拖到最後時刻，在他離京赴上海然後返美之前，在停機坪的閘口突然止步，回身問送他的老朋友：「稼先，我在美國聽說有美國人曾經參與研製中國的原子彈，這是真的嗎？」情逾手足的老朋友問涉及國家機密的問題，又不能欺騙老朋友，鄧稼先非常為難，於是回答說：你先上機吧，這事以後再告訴你。

送別楊振寧之後，鄧稼先馬上向上級請示，總理周恩來得知後明確指示，要鄧稼先照事實告訴楊振寧。鄧稼先於是連忙寫信，然後派員趕赴上海將信送到楊振寧手中。楊振寧在上海市領導的晚宴上，收到鄧稼先的親筆信：「中國的原子彈全部是由中國人研製的，沒有一個外國人參加。」楊振寧即場看完信之後，淚流滿面。

他感情的激盪，是為情同手足的驕傲，還是為民族自豪？我想他還有一絲歉疚。鄧稼先拿了博士後第九天便回國，自己卻在取得學位二十三年後才重踏國土。和他一樣有天之驕子天分的手足，在極其刻苦的環境下，為國家民族作了改寫歷史的貢獻，而他自己則挾着諾貝爾獎的光環，名譽地位、舒適生活、科研機會從不缺少，但卻犧牲了回饋家國的機會。他這次淌淚，才知道原來自己家國情懷是這樣強烈，亦喚醒了要回國報效之心。

楊振寧先生第二趟灑淚是 1987 年為鄧稼先掃墓。鄧稼先為國家竭盡全力，搞垮身體，只 50 多歲便於工作時昏迷倒地；而且凡有輻射危險的工作，總身先士卒，結果身體受到大劑量輻射，才 61 歲便患癌症，翌年逝世。鄧稼先的遺孀記載楊振寧先生掃墓時 ，「熱淚奪眶而出，不斷用手帕擦眼淚……哽咽難語。」我相信，楊振寧從那一刻已鐵定要回國了。

（原刊於 2019 年 8 月 18 日《香港 01》）

一首唐詩，征服洋學生

演奏尚未開始，樂手還在調音。有觀眾在玩手機，有些在飲可樂、吃爆谷，其他觀眾無意識地等候演奏開始。惟獨他從叮叮咚咚未成音樂的調音中，感受到樂手不着痕迹的感情，並寫下千古名句：「轉軸撥絃三兩聲，未成曲調先有情。」就是這個區別，是文字功力的區別，更是觸覺敏銳的區別。人家只看到漫不經意的調音，你卻已被樂手的情感所觸動。他人看不到的，你要看到；他人感受不到的，你要深切感受。

以上是我在大學教英文寫作時最喜歡引用的例子。我用中文範句，來豐富學生英語寫作的學習體驗，尤其是對來自海外的交換生。我讓洋學生沿着詩人的筆法，想像樂手出場：「千呼萬喚始出來，猶抱琵琶半遮面。」我問洋學生：你們會怎樣敍述她的出場？洋學生雙手半遮面，只能格格格地傻笑。

笑聲未完，我接着下一句：「低眉信手續續彈，說盡心中無限事。」課室馬上鴉雀無聲，全班學生都被這兩句勾劃的情境所感染，想像琵琶女的滄桑和惆悵，細心聆聽她細說心中的悽婉。原本大家只能聽到一段普通的彈奏、熟悉的樂章，但詩人用短短14 字，打開了我們的心扉，讓我們聽到琵琶女在低訴平生不得志，在細說心中無限事。學生知道任何發聲提問和評論都會構成滋擾，我讓學生默默地用心聆聽，用想像力體會。

在學生的一片沉靜和期待中，我說：英文的說法是「沉默是金」，白居易的境界自是不同：「別有幽愁暗恨生，此時無聲勝有聲。」然後再來千古名句：「同是天涯淪落人，相逢何必曾相識」。短短兩行字，道盡樂手與聽者高境界的感情交流，豈能不讓洋學生拍手叫絕。

唐代詩人白居易的〈琵琶行〉，就這樣征服了洋學生，讓他們欣賞中文的美麗，以豐富英文寫作的技巧。這首詩有不同版本的英文翻譯，我在課堂引用的是北京大學許淵冲教授的翻譯。他被譽為中英翻譯第一人，拿過國際翻譯最高榮譽。前立法局主席黃宏發亦翻譯了不少唐詩，文采風流，但尚有待翻譯〈琵琶行〉，惟望他早日成文。

白居易一千多年前的句子，直到今天，不但有華人的地方就會有人琅琅上口，更能征服洋學生。根據古籍記載，白居易的詩在他生時已征服東洋人，不但風靡日本，更是當時日本天皇的必學科目。在日皇帶頭下，朝廷文武和日本整個上層社會都熱愛白居易詩，民間亦有專門研究白居易的詩社。十年前我在古城洛陽憑弔白居易故居紀念館，居然碰到不少說日語的遊客。一千多年前的中國和日本之間，有無書信郵件往來？白詩居然可以瘋傳日本。古人的句子，今人寫不出。我們惟有確認：人類科技不斷進步，但文學卻不斷退步。

洋學生遠道來港，非省油的燈。曾經有來自英國的學生舉手提問：你引用了很多中譯英的精彩名句，讓我們大開眼界。你自己的寫作中有無名句可供分享？底子稍薄的可能被唬到。名句談不上，讓我自己稍感滿意的句子是有的。我即時在課室上網，找出我在《南華早報》為悼念「六四」25 周年所刊登的文章，文章開頭是：“People's square is the best place to parade the military, the worst place to deploy the military.” (“Truth Commission Needed to Unearth Facts of Tiananmen Square”, SCMP 2 June 2014 by C.K Yeung》自覺句短意長，結構工整，對比強烈。有美感，亦有深度。洋學生並無拍手，但總算從此不再曠課。

（原刊於 2019 年 4 月 9 日《香港 01》）

看荷里活電影　縱觀天下局勢

以電影欣賞的角度去看天下大局，有時讓人恍然大悟。不少朋友多月來一直恐怕美國對委內瑞拉開戰，甚至認為美軍已經兵臨城下。但我說，美國會以多種陰謀手段對付委內瑞拉，而不會正式出兵。我為何這樣信心滿滿？因為美軍喜歡拍戲，多年來我以電影欣賞的角度，觀賞美國的演出，故此有點得着。

剛剛被特朗普用完即棄的白宮國家安全顧問博爾頓，於本年初會見傳媒談及委內瑞拉危機時，胸前拿着黃色文件，上面竟然手寫着：派軍五千往哥倫比亞。調兵遣將的絕密文件居然外露，讓記者「無意」中拍攝到，一時之間全球媒體以為洞悉美國即將出兵的軍情機密，恐慌指數爆升。

當天在電視新聞看見這位美國鷹派標桿人物一臉嚴肅，以「植入式廣告」手法假裝一時不慎洩漏派軍在即，當時就忍不住笑了出來。這位小鬍子「派軍五千」的新聞劇，以美國軍情機構多年來炮製電影的高度專業水平來說，實在低能得滑稽，難怪他被炒魷。

特朗普商人出生，精明機巧翻雲覆雨，滿腦子讓人難以捉摸的博弈思考，唯一可以預測的，就是他沒有發動戰爭所需的雄才偉略和意志。貿易戰，他善打樂打會打；實彈戰，他不善打不願打不會打。

特朗普厭戰，因為他看通美國在二戰之後連場戰爭對美國的沉痛拖累。贏了伊拉克戰爭又如何？美國作為全球軍事霸王，歷任總統的思維都是「用兵之術在於戰勝」；特朗普對中國的「用兵之道在於息爭」的智慧，算是有點領略。這是他高於近代其他美國總統之處。

作為美國總統，特朗普「商人厭戰」的本質如果讓其他國家領導人看穿，會對美國在全球攻城掠地的戰略部署大為不利，以他的精明，自然心知自己的短板。故此，他必須隨身攜帶嚇死人的鷹派，放在褲袋裏，隨時掏出來對敵人作心理上的極限施壓，讓人以為美軍隨時出兵。博爾頓就是特朗普口袋裏，用來作軍事心理施壓的一個工具。

多年來博爾頓經手的一個主打項目是委內瑞拉，他在當地部署顏色革命，於年初支持反對派領袖自封為「總統」，並馬上正式承認這名自封為王的「總統」，試圖逼令經民主程序選出的總統下台；顏色革命搞不成便搞軍事政變。但委內瑞拉獲得俄羅斯支持，小鬍子陰謀陽謀盡出，還是未能扶植親美力量奪權。

江郎才盡之下他自導自演了這場滑稽的新聞劇「派兵五千」，雖然在全球首播後引起出兵的恐慌，但委內瑞拉處驚不變，自封為王而獲美國正式承認的「總統」陷入四面楚歌。今天的委內瑞拉已被美國搞得成為超級人道災難，民不聊生，但親美政權依然未能奪權。小鬍子亦終於被特朗普炒掉。

小鬍子「派兵五千」是低水平製作的新聞劇，不具代表性。真正反映美國軍情機構高水平的製作不少，例如經典戰爭實況劇

「美軍三叫」。

時為 2003 年，美軍入侵伊拉克。4 月 2 日，世界多家電視台在新聞報道中播出美軍特種部隊在黑夜槍火閃耀中攻入伊拉克醫院，救出被伊軍俘虜的年輕貌美女兵 Jessica Lynch。她被美軍特種部隊從伊拉克手中救出時，現場槍聲砰砰，夾雜着美國特種部隊三聲急速的呼叫："Go, go, go!" 影片出街後，全球歡呼。美少女戰士落入邪惡的恐怖分子手中，其後果是稍有良知的人都不願意去想像。英雄救美之後，美國星條旗到處飄揚，全美愛國情緒高漲，總統支持度飆升。

一個多月後，英國《衛報》於 2003 年 5 月 15 日的一篇報道 "The Truth About Jessica" 引述目擊者回憶如下：「場面好像荷里活電影。美軍在叫："Go, go, go!" 混雜着槍聲和爆炸聲。他們好像電影裏的史泰龍和成龍，有人在叫，有人在跳，大門被踢破……受傷的女兵被救出來時，雙手仍然被鎖扣在病床上。」

荒誕的是，這場像荷里活電影「蘭保」式戰地新聞片，確實是由美國國防部用荷里活拍電影手法炮製出來的假新聞，然後當作戰地新聞發放，欺騙人民、欺騙世界。上述《衛報》的報道形容該場「營救劇」為「最令人嘆為觀止的新聞操作」。美國國防部訛稱該年輕受傷女兵曾英勇地和伊拉克軍隊駁火，中彈並被刺傷後，繼續搏鬥卻彈盡被俘，並在醫院被強姦。事實上，這一切都是作假。

《衛報》引述派駐戰場的英軍新聞官 Simon Wren 表示，美方的新聞處理手法「令人尷尬」。他說：美國新聞界面對這些新聞創作，卻不對美國軍方施予任何壓力，讓美軍毋須作任何交代。

美國傳媒精英為何對如此荒誕的炮製新聞不大聲譴責？

最有資格指證美軍以荷里活電影手法來作假新聞的，是當事人。年輕女兵四年後在美國國會聽證會上作供：她受傷是因為所乘坐的軍車翻側，事件中她未曾開過一槍；伊拉克醫院的醫生對她悉心照顧。

《衛報》於 2007 年 4 月 24 日有關報道的標題是：「少女蘭保」譴責美國文宣》（"Little Girl Rambo" "Decries US Propaganda"）。文中引述她說：「他們把我包裝為『少女蘭保』……我不明白他們為何要說謊。」

「美軍三叫」的荒誕背後，是近代世界史最血腥的侵略、最大規模的新聞失格 。英美傳媒集體散播虛假新聞，把中東文明古國伊拉克抹黑為世界公敵，誤導輿論發動戰爭，以助小布殊連任總統、鞏固美元霸權和美國在中東的石油霸權 。

炮製入侵伊拉克輿論最落力的媒體，是美國大報《紐約時報》。一年多之後、50 多萬伊拉克家庭妻離子散，該報於 2004 年 5 月 26 日以「編輯部」的名義刊登聲明，承認在報道伊拉克擁有大殺傷力武器，以及與恐怖組織有關聯時，該報「並無做到應有的嚴謹」。1,153 字的聲明，道出了新聞失格的沉重。

美國軍方和中央情報局除了常規地製作新聞實況劇，以配合美國在世界各地搞的政變和顏色革命之外，數十年來還不斷積極參與荷里活大電影製作，配合美國的外交政策，為美軍的血腥，塗上「正義之師」的假面。

獲中情局或國防部參與製作的經典電影包括《空軍一號》、《黑鷹 15 小時》、《絕世天劫》等。德州基督教大學教授

Tricia Jenkins 對此題目有深入研究。讀者如有興趣，可參看她的名著 *The CIA in Hollywood: How the Agency Shapes Film and Television*。

（原刊於 2019 年 9 月 17 日《香港 01》）

八千米高峰的歷史真實

那年西藏動亂剛剛平息，旅遊蕭條，我們港大校友團在全球海拔最高的寺廟絨布寺大帳幕瑟縮一夜，在寒風凜冽中，蒼茫大地就只得我們這一小團人。5,150 米高原上的夜空星光燦爛，但寒冷與疲憊令我們的觀感麻木，看到世間美景而不覺興奮。翌日清早，我們向珠穆朗瑪峰大本營進發。因為沒有嚮導，我們在山路上迷途，兜兜轉轉，徒步到達大本營已是下午時分。我佇立在山風習習的營地，凝望珠峰，是相逢恨晚了。

年輕時，我為了一句「黃山天下奇」，為了「峨眉天下秀」、「華山天下險」、「青城天下幽」，為了文人筆下的「燕京十景，西山紅葉」，我遊遍這些名山。珠峰卻因為缺少了文人的堆砌，未有山以文傳，使我在遊遍千山後才親近這座萬山之母。

凝望珠峰不單是相逢恨晚，亦是初聞其名。小時候對世界最高的「額菲爾士峰」聽得耳熟能詳，長大後工作多年，才第一次偶然聽見「珠穆朗瑪峰」這個令我手足無措的名字。一查之下，原來這個令我摸不着頭腦的珠穆朗瑪峰，就是名聞遐邇的額菲爾士峰。遲來的了解，卻讓我恍然大悟「額菲爾士峰」這個名字的庸俗不堪和背後的自大。

珠穆朗瑪峰在藏文的意思是「第三女神」。全球第一高峰被當地人民稱為第三女神，這是西藏人的謙卑和對大自然的敬愛。「額菲爾士峰」這個名字則來自印度被英國殖民統治時期的測量局局長額菲爾士爵士，他曾探測此山峰的高度，手下建議山峰以他名字命名，額菲爾士表示反對，但反對無效。1865 年，英國皇家地理學會正式命名此峰為「額菲爾士峰」。這位爵士的「表示反對」及其後的「反對無效」，是典型英式殖民地心態和偽善，如果今天上演，會是一場國際搞笑劇。

環看香港，尤其是中環、灣仔、尖沙咀一帶滿街滿巷以英國人姓名作街道名稱，原來英國殖民地官員性喜以人名作路名，以名揚後世，連「麥理浩徑」這條郊野小徑都不放過。一名殖民地測量專家憑甚麼要在全球第一峰冠上他的大名？英國憑甚麼替這座位處中國和尼泊爾交界的山峰命名？

我們在珠峰五千多米的大本營被低溫和低氧弄得觀感麻木。人到了高峰八千多米會變成道德麻木。1996 年，九名攀登者在珠峰遇暴風雪喪生，其中一名遇難者是日籍女團員康子（Yasuko Namba），在登頂之後下山時，她和另外三名團友被暴風雪所困而遇難。「她是這樣嬌小。我今天依然記得她手指從我手臂無力地滑下，然後鬆開。我沒有回頭望她。」這是一名生還者回憶他不顧垂死掙扎的康子，讓她在暴風雪中力盡凍僵而死。當一個人用盡了求生力量的極限，道德便會麻木。「八千多米的高峰不是奢談道德的地方。」另一位攀登者如此說。他們的故事記載在暢銷書 Into Thin Air，作者 Jon Krakauer 亦是其中一名生還的攀登者，是我看過最精彩的歷險紀實書，看完該書後，我決定前往珠峰大本營。

從大本營凝望珠峰，我感受到她的召喚，亦終於明白為何雖然每年都有攀登者命喪此山，但仍然不斷有人捨命赴峰。當被問到「你為何要攀此峰」，攀登者最常引用的經典答案就是：因為該峰在此（“Because it is there”）。語出英國攀山傳奇英雄莫萊（George Mallory）。 亦即是說，要攀登天下第一峰，還需要理由嗎？莫萊於 1924 年試圖登頂時在山峰高處失蹤，他有否成功登頂，成為珠峰歷史一大謎團，他亦成為珠峰犧牲者之中知名度最高的英雄級人物。

世界第一位攀上珠峰之巔的是新西蘭人希拉里（Edmund Hillary）。他於 1953 年與尼泊爾籍嚮導丹增（Tenzing Norgay）成功從珠峰南面登頂，是世界公認的首名登頂英雄。

要登上珠峰之巔，除了由尼泊爾出發，像希拉里那樣從南坡攻頂，另一條路線是由中國境內的北坡登頂。1960 年，中國登山隊成功完成人類第一次從北坡登頂。在此之前，英國登山隊曾多次從北坡登頂，但均失敗，並公告天下：連飛鳥亦無法從北面登頂。中國的成功登頂引起西方國家質疑其真偽，因為登山隊沒有照片證明。

為何中國登山隊犯了「無照片」這樣低級的錯誤？最近上演的電影《攀登者》對這段歷史有簡短而生動的描述。三名攀登者歷盡萬難成功登頂拍攝照片之後，在回程時遇上雪崩，一名隊員連同照相機急墮冰淵，在千鈞一髮之間，隊長要抓緊隊員或抓緊照相機？他拯救了隊員，失去了成功登頂的證明。誰說八千米高峰沒有道德？

他們成功登頂的最後一道難關，是一塊幾乎垂直的五米冰牆。登山隊久攻不下，最後以人肉作梯。爬上人梯的隊員脫下滿是釘子的登山靴，踏上隊友肩上，克服了天險，但雙足被凍壞，下山後十隻腳指全被截肢。他就是被隊長救了性命但失去相機的隊員。

新中國成立以來翻天覆地進步，背後的動力根源，是二百年來西方列強對國家人民的淩虐，以及所激發出來的犧牲精神。丟失了登頂證明，被拯救的隊員深感百身莫贖，深深埋怨隊長不讓他以身報國。這段矛盾，可說是最有道德感的「以怨報德」。

中國隊第二次成功登頂是 1975 年。這次有備而來，登山隊帶備鋁梯以攀登五米冰牆。任務完成後，登山隊把鋁梯留在冰牆，成為著名的「中國梯」，從而讓全球千多名攀登者由北坡登頂。

《人民日報》創刊逾七十年，只出過 20 次號外。其中之一便是 1960 年中國登山英雄攀上珠峰之巔。西方對中國成功，不是質疑便是打壓。《人民日報》的號外，是對西方質疑的回應。你有你的質疑，我有我肯定歷史的真實。但隨着愈來愈多 1960 年登頂的細節呈現出來，包括登頂途中的記錄，以及攀登者與中外媒體訪問時所披露的細節，其描述與後來從北坡登頂人士所描述的細節高度脗合。現時世界各機構的珠峰登頂記錄中，均已普遍承認 1960 年中國的凱旋。《攀登者》講述了這段歷史的精彩，而其最動人之處，是犧牲。

（原刊於 2019 年 10 月 26 日《香港 01》）

那年國慶
美國軍機直撲北京上空

懶洋洋、暖洋洋、靜悄悄，加州理工大學春日周六的下午人迹稀少，偶然有青年學生騎單車經過。我漫步在圓拱長廊旁的青草地，兩次見到小松鼠在覓食，滿懷喜悅的書香閒情。但閒逸和安寧的背後卻是生死時速的拼搏，校園人迹稀少，是因為全部學生和教授都正在實驗室或研討室進行爭分奪秒的智力廝殺。這裏是高智商、高能量的尖子地，每周自動自覺工作學習 7 天每天 12 小時是最低門檻。平均每一千名畢業生便有一位諾貝爾獎得主，全球比例最高，沒有之一。從這裏畢業的美國科學家當年設計全球飛得最高的偵察機直撲北京上空，同樣從這裏畢業的中國科學家設計第一枚國產地對空導彈「東風一號」令美軍機偵察機從此不敢來犯。我來到這所大學緬懷當年被其師友封為天之驕子 (Son of Heaven) 的科學家錢學森。他被美國禁止離境軟禁五年後回國，在一窮二白的中國，他用五年時間設計並成功發射「東風一號」。今天已發展成「東風－26」號，是航母殺手，教美國航母戰鬥羣不敢來犯。

加州理工大學是頂尖大學，每年只收約 800 名本科生，雖然粒粒皆星，但平均竟有約四分之一學生未能畢業，可見身處學術尖端的殘酷。本港大學教授團隊中畢業於加州理工大學的為數極少。香港科技大學上任校長陳繁昌是其中之一。他對我說：「我當年選擇加州理工是因為受到錢學森啟發。」陳校長學術地位顯赫，現為沙特阿拉伯阿卜杜拉國王科技大學（KAUST）校長，該大學不設本科，只收碩士和博士研究生，屬全球頂尖的研究型大學。返港出任香港科技大學校長之前，他是美國國家科學基金會助理署長，統領數學及自然科學逾百億元的科研基金。

錢學森作為中國人，在美國最殘酷的學術尖端被封為「天之驕子」，其餘何需細說。前美國海軍部長金貝爾（Secretary of Navy Dan Kimball）曾經說：「我寧可殺了錢學森，也不會讓他離開美國。他抵得上最少五個師的軍力。」我於 2017 年曾經在《明報》發表題為〈中國一男子，日軍五個師〉的文章，就是講述錢學森。文章見報後幾天，喜獲全國政協委員黃英豪律師寄來上海交通大學出版的《走近錢學森》傳記。沉甸甸近 500 頁的巨著，出自一級作家葉永烈教授。上海交通大學是錢學森的母校，而葉教授在寫該書時得到大學方面和錢學森之子錢永剛教授的大力支持和配合，故此該書資料充實，具權威性，為我寫這篇文稿時提供大量珍貴的參考資料。

1937 年日軍瘋狂蹂躪南京時，錢學森正在加州理工大學做博士生，他是考獲庚子賠款留美獎學金前往美國的。1949 年新中國成立，在大洋彼岸，美國太空總署舉世聞名的噴氣推進實驗室（Jet Propulsion Laboratory）亦宣佈成立，由加州理工大學管理和運作，並委任錢學森為首位主管。以美國之大、人才之盛、科學之先進、白人優越感之狂，卻要找這名黃皮膚的中國人出任天下航空第一職。「春風得意馬蹄疾，一朝看盡長安花」，這是美國版科舉制度下狀元及第的最高榮譽，天之驕子謙虛地稍微欠一欠身、微微一笑接受了這項任務，亦為每一個中國人帶來別樣的光榮。

翌年，麥卡錫主義恐共陰影籠罩美國，錢學森被指控為共產黨員，拘捕後被單獨囚禁。其後因缺乏證據，他獲釋放，並申請回國。但是，因為他一個人抵得美軍五個師，美國不准他離開，把他軟禁五年。1953 年韓戰停火，中美談判交換戰俘，中國提出條件，要美國釋放希望返回中國而滯留美國的科學家。但美國國防部以國家安全理由反對放走錢學森。後經周恩來親自斡旋，幾經波折，最終時任美國總統艾森豪拍板，釋放了軟禁五年的錢學森。

1955 年，九龍尖沙咀，錢學森從美國乘郵輪抵港，準備在此轉乘火車回內地。大羣記者在火車站守候。有一篇報道描述：「一名華人記者用英語問錢學森問題。錢學森笑了笑回答：我想每個中國人都應該講中國話。記者說：我只會講廣東話和英文。錢學森說：普通話在中國很普遍，你是中國人，應該學普通話。大家聽見都笑了。」這一笑穿越時空，笑了六十五年，今天，香港還有人在笑。

1993 年，氣勢恢宏的天壇大佛銅像在大嶼山落成。招標時，全球各地承建商知道銅像高達 26.4 米，便面面相覷，不敢承接。中國航天科技資訊公司出馬競投，一舉中標。中國航天部門走向民間，是錢學森提倡的策略，而當年成功投標的領軍人，名叫李同力，是錢學森手下大將，曾擔任導彈總設計師。公司中標後，還須經過港英當局審標。李同力回憶：港英當局的官員很傲慢，儘管他們是華人，一上來就用英語說道：「審標必須講英語，不然就散會」。幸而李同力英語流暢，對答如流，順利過關。「必須講英語」的港英傲慢，穿越時空二十七年，今天，香港還有人在傲慢。

在五、六十年代，美國頻頻出動軍機，由台灣機師駕駛，肆無忌憚地飛越中國大陸領空，甚至試過直撲北京上空。1959 年 10 月，新中國成立十周年國慶，美軍高空偵察機在北京上空被解放軍用蘇製導彈擊落，成為世界上在實戰中地對空導彈擊落敵機的第一例。但其後中蘇反目，蘇聯停止提供導彈。這時候，天之驕子展示了他「遠超五個師軍力」的實力。1960 年，「東風一號」地對空導彈在錢學森領導下成功發射，教美軍飛機從此不敢來犯。

1964 年，中國自行設計的中近程導彈「東風二號」成功發射；1966 年，攜帶核彈頭的「東風二號」導彈成功發射；同年，射程更遠的中程導彈「東風三號」成功發射；1970 年，中遠程導彈「東風四號」成功發射。同年，可運載衛星的「長征一號」火箭成功發射；翌年，「長征一號」火箭把科學探測衛星成功送上太空。錢學森以每一兩年一個大突破的速度，為中國建立「兩彈一星」，使其免受列強欺凌。

直到今天，還有人譏諷中國在人民沒飯吃、沒褲子穿的年代好大喜功，發展只能耀武揚威的「兩彈一星」。實情是中國的核子彈和導彈每時每刻都在用。若沒有「兩彈一星」，美國早就像對伊拉克那樣，對中國動武了。

朋友問我：美國傾全國之力打壓華為等中國企業，為何會乖乖地讓中國北斗衛星順利完成發展？答案是一個日子：「2007 年 1 月 11 日」。那天，中國發射導彈，成功摧毀了外太空一枚氣象衛星。這信息是：如果美國膽敢破壞中國人造衛星，中國有能力拿下美國在太空運行的衛星。錢學森回國後，從來沒再踏足美國。2009 年 10 月，錢學森在北京病逝，終年 98 歲。

（原刊於 2020 年 10 月 4 日《香港 01》）

一支禿筆　千幀視像

一支禿筆，猶勝千幀視像。住男生宿舍時同學之間最爭相傳閱的暢銷書是情色雜誌。最初吸引我眼球的是體態撩人的封面女郎，但追了幾期之後，發覺封面總是千芳一色，霎眼即逝。最撥動心靈的不是春光明媚的圖片，而是純文字的情色故事。書寫這些故事的文字工作者一定是女性，否則怎能描寫得這樣細緻動人；在淋漓奔放中含蓄的留白，讓一千名讀者想像出一千種不同的旖旎春光。

「欹枕釵橫鬢亂，起來攜素手，試問夜如何，夜已三更。」二十個字，無限想像。旺角美少女的解讀是：當晚留到很夜，起身懶慵慵地問他：「依家幾點鐘啊？吓！半夜一點啦，死啦返屋企實被阿媽鬧死呀。」清純的校園女文青紅着臉低着頭說：「我也不清楚這幾句話的意思。是否手拖手行街行到三更半夜？」但如果真的不明白，又何須含羞答答？ 全球最佳攝影師都不能用鏡頭演繹這樣的文字。這解釋了為何情色文藝高手從來不會在文稿加插春光圖。

情色故事能夠昇華成為文藝，才能讓躲在宿舍偷偷閱讀的逃學男生除了享受無限的情色想像之外，還多了一絲自我文青的陶醉。史上最暢銷的情色小說《五十度灰》（*Fifty Shades of Grey*）出售逾一億冊，作者就是英國版瓊瑤再加色情；是莎士比亞寫不出的，曹雪芹是不屑寫的。《五十度灰》一紙風行，於是好事者將其拍成同名電影《格雷的五十道色戒》，去年在港上映，我拒絕去看，因為曾經後悔。

多年前我讀了姜戎的名著《狼圖騰》，該書其中一章描述蒙古草原狼佈陣圍剿大羣戰馬。狼馬奔騰嘯聲裂天的磅礡萬千，是我閱讀過的文字中視覺觀感最震撼的一幕，使我以後每逢見到馬匹，都會引發無限的情景想像，神馳大草原。2015 年該書由法國導演和中國合作拍成電影，我忍不住入場觀看，看完後原作透過文字賜給我的無限想像消失了，我的想像再也不能超越戲院銀幕在我腦海種下的視覺回憶，視覺圖像局限了個人的想像，統一了一萬個觀眾的集體想像。

文字的優勢在於提供無限想像的樂趣，電影的優勢是讓觀眾在零想像的情況下感到無限樂趣。荷里活大明星湯告魯斯的《職業特工隊》由 1996 年開始至今已拍了六套，22 年之間我亦看足六套，最新一套剛在上月觀看。六套電影的主題是甚麼，有何情節，我盡最大努力回憶，腦海仍然一片空白。唯一的視覺記憶，是每套電影都有飛車追逐場面。上月最新的那一套，除了指定的飛車追逐場面，居然還保留了 22 年來不斷重複的情節：核子彈即將爆炸、炸彈上的計時器正在倒數，要剪斷炸彈上的電線卻不知道剪哪一條，在千鈞一髮的最後一刻，傷痕纍纍的靚仔英雄剪斷了電線，人類避過核爆災難。

這套電影帶給我的唯一想像，是導演給全球觀眾開了一個大玩笑之後的洋洋自得。我幾乎能夠感覺到該片的導演在笑：「橋唔怕舊，只要你受。」我就是沿用最陳腔濫調的飛車和核子彈，觀眾還是看得如癡如醉，毋須想像。在文字的世界裏，飛車和核子彈倒數的橋段，是無論如何過不了關的。

（原刊於 2018 年 10 月 11 日《香港 01》）

禁書，叫人蠢蠢欲動

禁書，就像禁果禁片和禁臠，總是叫人蠢蠢欲動，尤其是當禁書的作者是被當今文壇譽為「祖師奶奶」的張愛玲。小學六年級時，我無意中在報章副刊看到一句「男不讀紅樓、女不閱西廂」，馬上使我立下志願：暑假一定要把這兩套書弄來看個飽。那年暑假，是我閱讀習慣的拐點，從淺薄的小學圖書，大躍進到漫天飛花的天下奇書。踏上中一，我已經偷偷地看《查泰萊夫人的情人》了，那是慕名而來的偷窺。但張愛玲居然寫了兩本禁書，這卻使我冷不提防。

《赤地之戀》和《秧歌》是張愛玲於1950年代初在香港發表的作品，在內地至今仍然被列為禁書。張愛玲當然不會把性愛場面描寫得好像村上春樹這樣露骨而要勞煩淫審處祭出「禁書」的大旗。查禁這兩本書的理由，是政治，而非淫褻。

五十年代，新中國立國之初，百廢待舉。美國卻不承認中國，而承認台灣，並大力推行反共思想教育。張愛玲這兩部作品，是駐港美國新聞處付錢給張愛玲的「委託之作」，是「反共文宣」計劃一部分。這兩本書是張愛玲政治傾向最鮮明的著作，亦導致海內外文學界對該兩本書作出兩種截然相反的評價。內地學者批評這兩本書的虛假，所描寫的人、事、情、境，全都似是而非，違背事實。但國外文學家，卻對這兩本書寵愛有加，例如夏志清便把該書視為不朽之作。

親共文學家認為這兩本書的致命傷是「虛假」。自小便認定自己是天才的張愛玲彷彿在還未動筆前，便已預見這條戰線的攻擊。她在《赤地之戀》的自序說：「我有時候告訴別人一個故事的輪廓，人家聽不出好處來，我總是辯護似的加上一句：『這是真事』，彷彿就立刻使它身價十倍。其實一個故事的真假當然與它的好壞毫無關係。不過我的確是愛好真實到了迷信的程度。我相信任何人的真實的經驗永遠是意味深長的，而且永遠是新鮮的，永不會成為濫調。《赤地之戀》所寫的是真人實事。」才女幽幽楚楚的先發制人，讓虛假的攻擊，顯得這樣無力。《赤地之戀》和《秧歌》出版後不久，1955 年張愛玲到了美國。

其後，張愛玲卻主動告訴友人：「《赤地之戀》是在授權情形下寫成的，所以非常不滿意，因為故事大綱已經固定了，還有甚麼可供作者發揮的呢？」今天，已經解封的美國外交檔案資料顯示，早在五十年代，美國已經是有系統地、具針對性地透過對文藝的資助，壓制中國共產黨。時任香港美國新聞處文化主任麥加錫（Richard M.McCarthy）對上級的函件表示：透過知識分子去影響社會的未來動向，最有效的方法是透過出版物及書籍，凝聚和組織這些知識分子中潛藏的對抗力量。落難知識分子身上已經存有對共產政權的不滿，美國新聞處需要做的就是引發他們的同仇敵愾，並從自身經驗進行這類文學工作。

落難才女在美國頗為坎坷。她和一個比她年長 29 歲的劇作家結婚。她在美國的文學創作，大部分被出版社拒絕。她孤傲自閉，對不斷為她奔走相助的忠實友人，都往往冷漠相待。1995年9月8日，張愛玲在美國洛杉磯寓所孤獨逝世，七天後才被人發現。如果她留港發展，當今文壇定必更加豐盛。

（原刊於2018年10月14日《香港01》）

這世代，出不了大文豪

十大暢銷書、好書排行榜、一生人一定要看的十本書。擾擾攘攘的好書名單就像健康餐單：專家甲說每天要吃兩隻雞蛋；專家乙說每周最多吃一隻（且要棄掉蛋黃），否則膽固醇過高。把火腿和雞蛋的排名掉來掉去還可接受，最多只是糟蹋了雞蛋；但把《紅樓夢》、《戰爭與和平》，或把曹雪芹、托爾斯泰和莎士比亞也掉來掉去，這是兒戲了文藝，就像把大文豪當作《花花公子》封面兔女郎來玩大比併。

這樣的世代出不了大文豪，連小文豪也稱不上，最威風只能每年出十個八個暢銷書作者。《狼圖騰》、《哈利波特》、《達文西密碼》是近年最暢銷的書，紅極一時，但亦只是一時。新出了十本暢銷書，舊的便瑟縮在書店的隱蔽角落封塵，連作家的名字也被遺忘，沒人會把他們列入「文豪」級的檔次。

要找大文豪，唯有回到舊時。上世紀出了不少中、小文豪。不同於中小企，能列入中小文豪榜的，已是永垂不朽的人物，如魯迅、巴金和《百年孤寂》的馬奎斯。要尋找稱得上大文豪的，便要回到更早一個世紀。人類的文學史就是這樣倒退的，一代不如一代，中外一樣。中國最後一位大文豪無可置疑是曹雪芹，他寫《紅樓夢》是 250 年前的事了。

曹雪芹用了十年寫《紅樓夢》，「字字看來皆是血，十年辛苦不尋常」。250 年前寫稿，不像今天用電腦隨時加加減減，把一大塊文字搬來搬去。大文豪禿筆疾書，一筆定稿，寫出氣象萬千。他創作天下第一奇書時生活拮据，要「舉家食粥酒常賒」，為了一餐溫飽便要四出張羅，卻可以寫下千古奇書。

今天有不少名著，聲稱是某某作者花了多少年的嘔心瀝血之作，這只能證明一代不如一代。或許曹雪芹如果生在現今世代，現代安逸的生活，不會讓他寫下《紅樓夢》。創世的功業，總是在最艱苦的條件下才產生的。

西方的大文豪首選莎士比亞。他和明朝末期戲曲家和文學家湯顯祖是同時代人，兩人均卒於 1616 年，是東西方比較文學的熱門研究範疇。湯顯祖的《牡丹亭》和《紫釵記》，光聽書名，已是讓人歡喜。時下青年縱使不會全書看完，但也偶會拋出湯翁名句「如花美眷，似水流年」來扮文青。而莎翁眾多名句中，被人拋出來多的是 “To be or not to be, that is the question.” 是在生存的痛苦和死亡的陰暗之間的掙扎。

純粹用銷售數字來衡量哪本是天下第一寶書是不科學的，用電影的說法，這是叫好和叫座的不同。現代學術界用來評審論文影響力的準則，是基於被引用的次數。我們就用這個準則，來評定誰是天下第一大文豪。中華五千年文化，創作了無數名著名句。根據統計，被引用最多的名句，是出自唐代詩人李賀的名句：「天若有情天亦老」。那是 1,200 年前的名句了。

毛澤東的詩詞，被譽為重返唐詩宋詞的藝術高度。但就是連毛澤東亦要在他於 1949 年解放南京時寫下的一首詩中借用李賀的名句。毛澤東在李賀的名句後面加上自己創作，為解放南京寫下圓滿的句號：「天若有情天亦老，人間正道是滄桑」。

（原刊於 2018 年 10 月 17 日《香港 01》）

黑色文學悼亡詞

悼詞不易寫，尤其是令人傷痛的逝世。發現「天使粒子」的華裔物理學天才張首晟本月初之死，教人心疼。他任教的史丹福大學發表悼文，引用了他最喜歡的一首詩：「一沙一世界，一花一天堂。雙手握無限，剎那是永恆。」是英國浪漫主義詩人布萊克（William Blake）寫的一首長詩，上述四句來自徐志摩的翻譯版。張教授醉心科學之美，而這首二百年前的詩，恰好把科學之美和詩詞之美結合成一，讓偉大科學家融入詩境。

徐志摩的翻譯為求工整，犧牲了原詩的部分意義。我不求工整，但求意思的忠實，把原詩這四句翻譯如下：「從一粒細沙看到世界，在一朵野花得窺天堂。手心輕握無限，剎那原是永恆。」張首晟發現天使粒子，是物理學大突破，讓量子計算成為可能。諾貝爾物理學獎得主楊振寧及科學界均認為張首晟獲諾貝爾獎只是時間問題。發現天使粒子的人，當然可以從一粒細沙中看到世界，在一朵野花看見天堂。據媒體報道，55 歲的張首晟是因抑鬱症而跳樓身亡。發現天使粒子的，現與天使同在花間裏的天堂。這讓我想起十四年前作曲家顧嘉煇在黃霑先生追思會的悼詞所說：「天堂需要他的笑聲。」好的悼詞毋須刻意銘記，自不能忘。令人難忘的人物，自應有難忘的悼詞。悼詞忘掉了，對人物的記憶也變得模糊。

好的悼詞，不在乎文辭的秀麗，而在乎意思的雋遠，中外如是。我教英文寫作時，有學生錯誤地以為深奧就等同優秀，而不曉得寫作最高境界，是用最淺白的文字，帶出最寬宏的意義。1963 年，美國年輕總統甘迺迪遇刺身亡，副總統詹森當天便走馬上任，他是甘迺迪之死的「最大受益人」，故此，他致悼詞時難度甚高，因為口頭上要表示極度難過，但大家心知他心中興奮。他致悼詞的第一句是："All I have I would have given gladly not to be standing here today." 這是言簡意賅的頂級之作。小學生也懂得運用的 14 個英文字放在一起，變成神來之筆：我樂意放棄一切不做總統，以換取毋須站在這裏致悼詞。深切哀悼逝者之餘，亦含蓄帶出自己人格的高貴。詹森寫不出這樣的名句，悼詞是甘迺迪文膽兼智囊 Ted Sorensen 所寫。甘迺迪生前遇到任何難題都會請教這位他推心置腹的親信。「我談話時可以在句子中間突然停頓，然後他可以馬上接下來完成我想說的，而且比我說得更好。」這是甘迺迪對他的評價。甘迺迪發表過多篇著名演說，全是出自這位文膽。悼詞是他借詹森總統之口對英年早逝總統的最高致敬。

另一篇範文，是戴安娜王妃葬禮上她胞弟的悼詞：「我今天站在你們面前，是一個悲慟家庭的代表，在一個全民哀悼的國家，面對深感震驚的世界。」短短三句開場白，點題了戴妃之死的三重含義。今年香港不少名人逝世，悼詞有不少官樣文章，餘者雖見真摯，卻稱不上為值得傳頌之作。要找恆遠難忘的悼詞，還需回到舊時。「十年生死兩茫茫，不思量，自難忘。千里孤墳，無處話淒涼。」九百多年前蘇東坡為亡妻寫的悼亡詞，堪稱文學史上最感人的悼亡作品，傳頌千古。

（原刊於 2018 年 12 月 29 日《香港 01》）

尋找大學之母

在意大利，我輕藐地路經米蘭的名店街、撇下威尼斯的水鄉、甚至不顧佛羅倫斯文藝復興時期的藝術，直奔古城博洛尼亞 (Bologna)，尋找被西方世界譽為「大學之母」的博洛尼亞大學 (Università di Bologna)。這所學府建於 1088 年，被公認為世界上歷史最悠久的大學。結果古城沒令我失望，大學讓我欣喜。

我曾在多個高等教育論壇上，聽過西方學者提出這個「史上第一所大學」的公論。900 多年前創建的大學，古意盎然的教堂鐘樓，依然散發着高等學府的青春氣息。教育和知識就是這樣恆久長青，雖古猶新。博洛尼亞大學創校不久，便獲羅馬帝王頒令：這所大學不受其他權力影響，亦等於今天的學術自由。這裏的畢業生包括四名羅馬天主教教宗，也包括於 1543 年提出地球圍繞太陽自轉而非「地球是宇宙中心」的科學家哥白尼 (Nicolaus Copernicus)。「日心說」當時是異端邪說，哥白尼保持低調，明哲保身。六十多年後，天文學家伽利略根據天象觀測，進一步證實「日心說」，結果被教廷判處終身監禁。學術自由在當權者打壓之下淪為空談，昔日如是，今又如是。

約三十年前，博洛尼亞大學創校九百周年校慶，歐洲 430 位大學校長齊集這座古城，簽署《歐洲大學憲章》(*Magna Charta*

Universitatum)，正式宣布博洛尼亞大學為「大學之母」(Alma Mater Studiorum)。這所大學無疑有令人神往的歷史，但是把她定為史上第一所大學，我不同意，因為中國一千多年前成立的「嶽麓書院」才是史上第一。這所書院是湖南大學的前身，建於公元 976 年，於 1903 年改名為湖南高等學堂，1926 年正式定名為湖南大學。至今已逾千年歷史，有根有據，是全球歷史最悠久的高等學府。

我不能怪責西方學者不知道嶽麓書院，我也是無意中了解到它的歷史。多年前，我專程前往湖南長沙，為的是小時候讀過杜牧的詩句：「停車坐愛楓林晚，霜葉紅於二月花」，一直以來就把「愛晚亭」和「霜葉紅」美景，列為長大後必遊之地。做資料搜集時，驀然發現岳麓山除了這座四大名亭之一的愛晚亭之外，還有一所千年學府。於是孤陋寡聞的我，為了一首詩去追尋一座名亭，但古亭卻引領我來到千年學府。

嶽麓書院出過無數頂尖學者，有中國古代哲學大師朱熹、清朝軍事家左宗棠、政治家曾國藩、教育家楊昌濟等人。楊昌濟就讀該書院後，獲推薦前赴英國鴨巴甸大學 (University of Aberdeen) 留學。前港督衛奕信於 1997 至 2013 年任該大學校監。楊昌濟回國後任教於北京大學，不但介紹毛澤東到北大圖書館工作，並將女兒楊開慧許配給毛澤東。楊開慧其後被國民黨抓獲，於 1930 年被處死，是毛澤東「我失驕楊君失柳」詩句中的「驕楊」。大學總是歷史的塑造者。嶽麓書院在宋朝時已經是羣英聚會，學生人數逾千。書院由「山長」為領導人，是今天大學校長的前身。山長是道德與學問俱傑出的人物。山長及其他教員負責講課，是早期的教授治校模式。課程內容以經學、史學、文學、文字學為主。到了清代晚期，又加入了自然科學的課程，以及着重於人格的培養。這完全是早期大學的格局。史上第一大學，名副其實。

（原刊於 2019 年 1 月 8 日《香港 01》）

千里尋墓

耶魯大學校園裏一張圓桌引領着我，冷冷清清地去尋覓逝者的名字。為了尋找故人的墳墓，迷走在荒山的野徑上……這片黑色幽谷的存在，就是為了紀念陣亡軍人。幽谷銘刻了 58,320 個逝者名字，不容易找。在幽谷裏慢慢地尋索，原來是緬懷逝者的必須過程，因為這樣的尋尋覓覓，讓傷痛不斷積聚，沉重得教後人在找到墳墓的那一刻，都悲莫能言。

耶魯大學那張石雕圓桌叫「婦女之桌」(The Women's Table)，是華裔建築師林瓔設計的。耶魯大學出過兩位傑出華人建築師：光耀中華的林徽因女士與名揚美國的林瓔女士。林瓔是林徽因的姪女。當年被大情人徐志摩狂追的才女林徽因，她在 1949 年共和國成立時，抱病之下依然不眠不休地完成了天安門人民英雄紀念碑的設計，亦設計了共和國國徽。一座人民英雄紀念碑，紀念了由晚清到 1949 年為了民族幸福而犧牲的五千萬人民英雄，是歷史上紀念人數最多的一塊集體墓碑。

那年，我前往耶魯大學訪問交流，無意間見到林瓔為紀念女性可以入讀大學而設計的婦女之桌。簡約的設計，沒有讓我驚喜。但身邊的教授告訴我，原來林瓔還是建築系學生時，已經贏得全美公開設計比賽，她設計了越戰紀念碑（Vietnam Veterans Memorial)，一名 21 歲華裔女學生的設計，居然被評選為紀念五萬多名陣亡美軍的歷史見證，引起反對者激烈的抗議。

這段歷史催使我在完成耶魯之行後，連夜取道華盛頓，直奔越戰紀念碑。紀念碑沒有碑，是一道幽谷。黑色大理石 V 形幽谷的兩壁，銘刻了陣亡美軍名字。五萬多個名字是歷史，每一個名字都是永恆的傷痛和追思。「我倆原本是廝守一生的」——一張小小的手寫便條，貼在一個名字下面。他當年幾歲、她今天幾歲？資料說，當年美軍士兵的平均年齡是 19 歲。甚麼樣的政府會把 19 歲的青年送去遠方的戰場？遙遠的越南究竟如何對美國構成國家安全威脅？

當年之行，適逢越戰紀念碑設立三十周年紀念，陣亡軍人的家屬和其他有關人士齊集紀念碑，將每一位英靈的名字讀出，由早上五點開始讀，午夜暫停；如是這樣，需要連續三天，才能把五萬八千多個名字讀完。

我停下來，嘗試感受每一個名字背後的故事。滿場的肅穆，讓人聽得到自己的呼吸聲。我同時亦恍惚聽到滴水的聲音——是南京大屠殺紀念館傳來的一滴一滴的水聲，每滴水珠代表一個名字。每 12 秒鐘一滴，代表着 1937 年被日軍在六個星期中虐殺的三十多萬亡靈。美國朋友來港交流，她從未去過中國，問我應該去北京還是上海。我告訴她：去南京吧。如果不去南京參觀大屠殺紀念館，便不會明白中國。同樣，我尋覓越戰紀念碑和 911 紀念碑，原本的原因是悼念英年早逝的青年；但有了這份感受，才驀然明白，美國人民為白宮日益猖狂的單邊主義和帝國主義所付出的代價。

（原刊於 2019 年 2 月 12 日《香港 01》）

多瑙河畔蘇州夢

在多瑙河畔漫步時，我總是想起蘇州。多瑙河穿過的名城布達佩斯和蘇州是這樣的相同，又這樣的不同。兩座山清水秀的名城有同一個特產：優秀。但不同的山水，自有不同的優秀。蘇州的優秀是出詩詞歌賦、出文化、出狀元。布達佩斯的優秀是出數學、出物理定律、出製造原子彈的科學家，同樣叫人神往。

布達佩斯於 1875 至 1905 年間誕生了六位諾貝爾獎得主，亦出了多名改變世界的科學天才，包括至今仍被公認為天下第一奇才的馮．諾伊曼（Von Neumann）。他八歲時學懂微積分，在大學從不上課，於 1926 年以 22 歲之齡獲取布達佩斯大學數學博士。他與英國的圖靈（Alan Turing）同時被譽為電腦之父。就像那個年代全球各地的科學天才一樣，他很快便給美國羅致，去了普林斯頓大學高等研究所，和愛因斯坦一起做研究。其後，他獲美國國防部邀請參與研製原子彈的「曼哈頓計劃」。另一位來自布達佩斯的優秀人才是馮卡門（Von Karman），同樣去了美國，是當時全球最權威的空氣動力學專家，亦是中國導彈之父錢學森在加州理工的導師。

布達佩斯的優秀典型，是八歲懂得微積分、是精於數學物理化學電腦和原子彈、然後去美國，然後改變了世界。蘇州的優秀典型是八歲時已經能把《四書五經》一字不漏背誦出來，春風化雨。整個清朝一共出了 114 名狀元，蘇州獨取 26 名，幾乎達全國四分之一。但是蘇州的優秀並非擴張性的。狀元的優秀出不了國門，未有贏得世界的景仰，未能成為全球爭相羅致的對象。中華文明的潤物無聲，不但未能薰陶西方世界，反而是謙謙君子遇上孔武有力而蠻不講理的洋人。洋人看中謙謙君子詩禮傳家所擁有的一切，後果自然是悲慘的。

狀元是中國優秀的巔峰。直到今天，我們仍然會每年依時依候關注中學的公開試狀元。媒體甚至會訪問這些狀元對反修例的意見。我們對狀元的景仰，是這樣的難分難捨。自公元 622 年唐朝金榜題名第一位狀元開始，到清朝於 1904 年的科舉出了最後一名末代狀元，於近 1300 年間產生了共 592 名狀元。我翻閱《狀元史》、《狀元傳》、《蘇州狀元》等書，翻查了這一千多年積聚的五百多名巔峰人才，認得的名字只有五位：賀知章、王維、柳公權、文天祥、翁同龢。其餘歷史上街知巷聞的文人，竟無一人是狀元。

1903 年，晚清大臣張之洞連同改革派奏請皇帝廢除科舉制度。奏書說：「科舉一日不廢，即學校一日不能大興，士子永遠無實在之學問，國家永無救時之人才，中國永遠不能進於富強，即永遠不能爭衡各國。」1905 年，科舉制度正式廢除，是張之洞的偉大貢獻。張之洞本身是科舉制度的「探花」，因為慈禧太后欣賞他的文章，故此一路提拔他，令他官至湖廣總督和軍機大臣。文章千古事，舊時中國，能寫一手好文章，便可以入閣升官。放諸今天香港，寫得一手好評論文章的大有人在，如果這批人入了政府當高官，香港不亂才怪。

廢除科舉制度，改變了中國國運。中國不再產生狀元，新中國優秀的巔峰是兩院院士，即中國科學院院士和中國工程院院士。昔日的狀元之鄉，今天依然是院士之鄉。兩院共有 1,637 名院士，其中蘇州獨佔 117 名，排名踞各地級市乃至省級市之首。

1998 年，由美國作為主要推手的國際太空站開始於近地軌道飛行，預計 2024 年退役。太空站共有 15 個國家參與，除了美國之外，還有俄國、加拿大、日本及 11 個歐洲太空總署的成員國。有些歐洲小國毫無航天實力，但參與其中，中國卻被排擠於外。

美國把中國排擠在國際太空站之外，對中國反而有利。如果當年容許中國積極參與國際太空站的工作，中國不會有誘因動手興建太空站。國家於 1998 年被國際太空站排擠後，確定太空計劃大策略，艱苦拼搏 20 多年，取得空前成就，並按照計劃於 2022 年完成建設太空站，距國際太空站屆退役之年僅兩年。國際太空站因為涉及太多國家，包括美俄之間的複雜利益衝突，故此尚未有共識建立新的國際太空站，亦即到了 2024 年，我們國家將會是唯一有太空站的國家。

這亦是幾代蘇州院士艱苦拼搏的成果。有了自己的太空站會為科技發展帶來顛覆性的機會，為生命科技、農業科技、物料科技、化學科技、航天探測科技、衛星科技等一系列科技發展帶來想像不到的發揮空間，亦因而形成龐大的產業鏈，這是科技對人類的無限承諾。香港雖然沒有航天科技產業，但在龐大的產業鏈和相關的研發工作方面，都能夠有機會參與和作出貢獻。今天還在學校唸書的香港青年，擁有着史無前例的機會。

北斗衛星導航系統是中國自行研製的全球衛星導航系統，並將於明年覆蓋全球。我的手機用的「高德地圖」，就是以北斗衛星作導航，我的用者體驗，是遠勝谷歌地圖。研發北斗導航系統的科學家是青年女博士徐穎。我在香港聽過她演講，她並非海歸派，從學士到博士都是國產。「北斗衛星導航曾被譏為淘寶網購系統」，她笑着說，「但事實證明中國人智慧聰明，沒有東西是其他人做得到而中國人做不到的。」她是今天的女狀元。

北斗系統現已廣泛應用於民事用途，包括漁船航運、天氣監測、智能駕考、森林救火、智能農業、動物保護等，明年可以精準到用於室內導航。徐穎歡迎香港同學一起投入北斗系統的工作。「各方面的人才我們都很需要，因為北斗是一個非常大的系統，比如做軟件、做硬件、做服務，包括做行業推廣的，都可以加入這個生態圈。」這亦是香港夢。我們的優秀青年準備好了嗎？

（原刊於 2020 年 1 月 5 日《香港 01》）

「武漢一疫」，並非生化戰

當年在美麗的松花江畔發生的才是生化戰。那裏為了生化戰所培養的病菌，堆積得可以用肉眼看得到，為生化戰而生產帶有超級鼠疫病菌的跳虱，共約 10 億隻，達 300 公斤。

「病菌喜歡肉汁和糖份等營養豐富的東西。用蛋白膠或肉汁做繁殖細菌的培養基，保持一定的溫度和暗度，細菌就會很快地繁殖起來，並聚集在培養基的表面，最後在培養基上呈現一種糊狀的乳白色薄層。這時細菌就成了肉眼能夠看得見的東西了。」這是日軍侵華時負責最高機密細菌戰的 731 部隊成員所說的。

731 部隊由當時日本最優秀的醫療及生物科研學者組成，大本營設在松花江畔的哈爾濱，目的是進行和研發細菌戰。研發需要做實驗。731 部隊用數以千計的活人做細菌實驗，並稱這些活人為「木頭」。木頭就是實驗材料的意思。木頭沒有名字，只有編號和年齡性別。活人要健康良好才能當白老鼠，故此大部分木頭都是年輕人，包括在戰鬥中被俘虜的中國士兵，亦有在抗日運動中被捕的記者、學生、工人。不少女木頭被用來作梅毒細菌的實驗材料，以研究如何治療患了梅毒的日本兵。根據戰後召開的遠東軍事法庭記錄，從 1939 至 1945 年期間，731 部隊消費了的木頭達三千人以上。真實數字遠不止此數，因為戰後對 731 部隊的追究，點到即止。

戰後美軍駐日部隊元帥麥克亞瑟將軍成為日本太上皇和「實際話事人」。他與日本達成秘密協議，保護了大批 731 部隊的醫療及科研人員免受「戰犯」對待，以換取 731 部隊提供用活人作細菌實驗所取得的大量「科研成果」。731 部隊的工作非常細緻，例如用各類不同病菌注射於活人身上，然後在不同感染階段作活人解剖、病理研究、觀察不同器官的反應、症狀、死亡的快慢、對不同治療的反應。研究人員把鼠疫病菌注射入木頭 A，然後在木頭 A 抽取病菌和產生了抗體的血清，注射入木頭 B，然後再以同樣手法注射入木頭 C，以培養出較普通鼠疫菌毒性大 60 倍的變異細菌。

如此大規模用活人做實驗的科研資料，被美國軍方評定為對研究生化戰「極端寶貴」，因為文明世界沒可能再有這樣的科研結果。731 部隊在中國幹過甚麼？有興趣的讀者可參閱森村誠一著作《食人魔窟：日本關東軍細菌戰部隊的恐怖內幕》，惟膽子小的就不要看了。

戰後美國從戰敗的德國和逃離德國的猶太科學家獲取大量有關火箭和導彈等科技知識，奠定了美國在這方面的堅實基礎；從戰敗的日本，則獲得了大量細菌和生化戰的寶貴資料，並於 1946 年正式宣佈進行生化戰研究，讓美國在生化戰的能力冠絕全球。

731 部隊的醫療隊伍原本就是日本的精英，分配到 731 部隊後，通過對數以千計活人進行活體解剖和醫學實驗，例如火燒活人以研究不同燒傷的程度、存活與死亡的概率等。令人毛骨悚然的活人實驗，跨越性地提高這批人的「專業知識」，並受到美國的庇護。這批人大部份於戰後在日本搖身一變，成為醫學界、生化科研界的領軍人物，有不少成為大學教授。英國人寫的 *Unit 731: Japan's Secret Biological Warfare in World War II* 對此有詳細追蹤報道，值得一讀。

今天美國面對中國崛起，傾全國之力未能打垮華為，亦未能在貿易戰迫使中國跪低，故此美國絕對有誘因、動機和能力去發動「武漢戰疫」。問題是美國「敢不敢」？

美國在這方面是前科累累，早於 1863 年南北戰爭時期已經有美軍將天花病人用過的帶菌衣物流入敵軍，讓大批敵軍染病死亡；較近年的則有在伊拉克使用國際禁用的貧鈾彈，使伊拉克古城費盧吉 (Fallujah) 的癌症發病率、白血病，以及嬰兒死亡率高過 1945 年剛剛挨了原子彈的日本廣島和長崎，且出現多宗駭人的畸胎現象，包括無頭嬰兒、雙頭嬰兒、獨眼嬰兒等。其後一羣英國和伊拉克醫生向聯合國請願，要求就令人震驚的畸胎數字展開調查，最終美軍方發言人 Josh Jacques 正式承認曾經在伊拉克及敘利亞大量使用貧鈾彈。

今年最新出版的生化戰參考書 *Handbook on Biological Warfare Preparedness* 詳細介紹生化戰的最先進武器，包括透過編輯病毒的 DNA，而發展出針對選定種族度身訂造的病毒；亦包括隱形病毒，是改良品種的自然病毒，可以在人體潛伏多年而毫無症狀，因為沒有症狀於是不會驚動衛生防護部門的監察，病毒於是能夠靜悄悄地不斷散播，大面積侵入人類而沒有任何症狀，直至多年後遇到預設的環境刺激，包括大自然或極端天氣變化誘發的刺激，病毒便災難性地爆發，這樣的生化戰在病毒性質、

DNA 排序驗證、散播模式、傳染途徑及時間追蹤等上，均不露痕迹，認真毒辣。

網上有不少創意文學，像《達文西密碼》一樣，假中有真，真中帶假，把「武漢一疫」描繪成美國幹的好事。事實上，貴為美國商務部長，羅斯竟然可以作出「武漢肺炎有助美國企業回流美國」的非人評論，其欲置中國於死地的陰暗心態，躍然紙上。

美國從來有少數極端右派狂熱分子，他們對美國全球霸權的任何挑戰者，都會狠下殺手。但絕大部份美國人民都是善良和正義的。以今天中國的綜合國力，加上善良的美國人民對極端右翼分子的民主制約，美國是不敢蓄意幹「武漢戰疫」這樣的下三流勾當。正如《食人魔窟》作者森村誠一在結語說：如果一個國家陷入戰爭的狂熱之中，那末，制止這種狂熱的辦法，就是把過去戰爭的真實紀錄告訴國民。

（原刊於 2020 年 2 月 16 日《香港 01》）

悲愴校園的永生

學生嚮導小芳為我們講解：「就在這片草地上，她鋪上了一面九尺長的美國國旗，拯救了數以千計的年輕女子」。那年，我們在南京師範大學交流訪問，來到「隨園」校區，這裏是金陵女子大學舊址。於 1915 年首次公開招生、中國第一所女子大學、今日是南師大的金陵女子學院，是「北有北大，南有南師」之稱的國內最美麗校園之一，亦是全球最悲愴的大學校園，出了無數金陵俠女，更出了一位被奉為「女菩薩」的美國老師，英勇地庇護了成千上萬的女生免遭蹂躪。這是 1937 年南京大屠殺獨特的一章。女生想像不到的是，原來女菩薩無限愛心英勇扶難的光輝背後，是心力交瘁和精神崩潰。

女菩薩確非凡人。她出生於美國貧窮家庭，父親是鐵匠，六歲時母親病歿，她由鄰居養大。在困苦中，她積極向上，先後於伊利諾伊州立師範大學及伊利諾伊大學就讀，並獲哥倫比亞大學教育碩士學位，是當時極少數可入大學的女生。1912 年，她年方二十六，不顧家庭和親友的強烈反對，跨越太平洋來到風雨飄搖的中國，誓要為中國教育出一分力。以上短短的簡歷，道盡了她的眼界、堅毅和勇氣。她不是殖民地時代在英國窮途末路呆不下去而敗走香港的邊緣人、來港後便搖身一變成為達官貴人的那種人。這樣的低等洋人，在殖民時代的香港處處皆是。她不是。她是稀有品種，有高貴的 DNA，配得上「中國人的朋友」這個崇高的稱謂。

她就是 Minnie Vautrin，中文名是華羣，亦名魏特琳，但更多人稱她為「活菩薩」。她在中國生活了二十八年，於 1940 年返回美國。留下了一本《魏特琳日記》，記錄了她在中國的日日夜夜，是研究中國那一段歷史的珍貴資料。在合肥市當了七年中學校長之後，魏特琳來到南京，出任金陵女子大學教育系主任兼教務主任。她在金女大的學生包括國際著名植物學家、香港中文大學榮譽講座教授胡秀英，亦是首位在哈佛大學植物學獲取博士學位的中國女學生。小芳說，她的曾祖母於三十年代初期畢業於金女大，應該是胡秀英的同學。

1937 年，日本炮製了「七七事變」。魏特琳在日記中寫道：「我們聽到 7 月 7 日一名日本兵失蹤後，在北平南面數英里的地方出現了麻煩。日本兵是如何失蹤的？為何失蹤？沒人知道。自那次事件後戰爭擴大了，我們不敢說它將會如何結束。

我一位朋友聯想起第一次世界大戰說：『在薩拉熱窩有兩個人被人行刺，最終導致了 1,100 萬人死亡。』……中國不想打仗，並知道自己還未做好戰爭準備。我認為日本人民也不希望戰爭，但是日本無法控制其戰爭機器。」

事後回首，魏特琳的朋友一語成讖。這當然不是因為一名日本兵的失蹤而引致侵華，而是當霸權主義國家欲發動軍事行動，可以易如反掌地製造事端、創造理由。當年如是，今又如是。2003 年，英美兩國炮製假新聞，抹黑伊拉克有大殺傷力武器，繼而出兵侵佔伊拉克，這正是當年「日本兵失蹤」的翻版。今年，美國在南海及台海出動軍機軍艦逾千次以支撐台獨勢力，挑動中國紅線，迫使中國不得不強硬回應。我相信美國人民也不希望戰爭，但美國能夠控制其軍工企業操控的戰爭機器嗎？

日本兵「失蹤」後，日本發動全面侵華戰爭，日軍勢如破竹，一路揮軍南下，直撲南京城，美國全面從南京撤僑，南京市民亦大批出逃。金陵女子大學校長和大部份教師亦撤至四川，但魏特琳決定留守大學。

1937 年 12 月 16 日，魏特琳在日記寫下：「今天，世上所有的罪行都可以在這座城市裏找到。昨天，30 名女學生在語言系被日軍抓走。今天，我聽到了數十宗有關昨夜被抓走女孩子的悲慘遭遇，其中一名女孩僅 12 歲。……今晚一輛載有八至十名女子的日本軍車從我們這裏駛過，車上的女子在大叫：救命！救命！……今夜我們要照顧四千多名婦女和兒童。不知在這種壓力下我們還能堅持多久，這是一種無法形容的恐怖。……上帝啊！請阻止日軍兇殘的獸性，安慰今天無辜被屠殺者的父母破碎的心；保護在漫漫長夜中身在險境的年輕婦女和姑娘！」12 月 17 日，她的日記稱：「有許多疲憊不堪、神情驚恐的女子來了，我聽到他們過了一個恐怖之夜。從 12 歲的女孩到 60 歲的老婦都被強姦，懷孕的妻子被刺刀剖腹。」

同一天，同樣在南京的德國人約翰拉貝在他的日記寫下：「安全區變成了日本人的妓院。這句話幾乎可以說是符合事實的。昨天夜裏約有一千名姑娘和婦女遭強姦，僅在金陵女子大學就有 100 名姑娘被強姦。」他其後續寫：「年紀大些的婦女一晚被強姦 10 至 20 次，年輕漂亮一點的婦女則被強姦多達 40 次。」

12 月 24 日聖誕前夕，金陵女子大學來了一名日本高級軍官。《魏特琳日記》稱：「這名軍官要我們從一萬名難民中挑選出 100 名妓女。他表示，如果能夠為日本兵安排合法的去處，這些兵士就不會再騷擾無辜的良家婦女。當他們承諾不會抓走良家婦女後，我們就讓他們挑選……過了很久，他們終於找到了 21 名女子。」魏特琳在日記裏面沒有寫日軍如何分辨被他們選中的是「妓女」而非良家婦女。但這篇日記所記錄的真實歷史，啟發了張藝謀執導電影《金陵十三釵》（改編自嚴歌苓同名小說），這是一部叫人垂淚的電影。

《魏特琳日記》最後一頁寫於 1940 年 4 月 14 日。她寫道：「我快要來到我力量的盡頭。」在該頁的下方，有明顯不同筆迹的人寫下：「魏特琳小姐於 5 月精神崩潰，使她必須返回美國。」回國後一年，魏特琳把門窗用膠貼封實，然後開煤氣自殺。她的墓碑上寫着四個中文字：「金陵永生」。

（原刊於 2020 年 11 月 8 日《香港 01》）

千年知己　三生紅顏

我原意是去尋找一千年前文壇知己的詩蹤文迹，覓到的卻是薄命紅顏的哀愁。千年大文豪為她的哀傷寫下悼文：「傷心一念償前債，彈指三生斷後緣」。我稱大文豪為「千年知己」，並非出於膚淺的攀附，這尊稱是來自法國的加冕。法國第二大報《世界報》(*Le Monde*) 曾經選出公元一千年全球十二位英雄人物，他是唯一上榜的中國人。獲選頌辭形容他為「無可救藥的文人」("le lettre incorrigible")，以突顯他對文學義無反顧的投入。法國文壇稱他為「一千年前的知己」，較近代獲中國官方冊封的多名「中國人民的朋友」尊貴千倍——他就是蘇東坡。

《世界報》負責評選的編輯在一次演講中作出如下記述：「我在《世界報》發表了關於蘇東坡的文章之後，時任法國總統希拉克 (Jacques Chirac)，他也是東方文化的專家，他打電話給我，當時，我正在度假。他希望與我談論他所了解的這位詩人的作品和生活。在我們長時間的通話中，我被他所談到的蘇東坡寫詩詞的技巧、詩句的長度、形式和韻律深深打動。我驚訝地發現蘇東坡在千年之後，居然在法國，我們的國家元首對他如此深入了解。」我作為中國人，知道法國總統居然如此熟悉蘇東坡，當然更是驚訝。蘇東坡在宋朝科舉考試以第二名成績入仕，但因反對王安石的新政而被貶多次，首先被貶到杭州。他生性豁達，不論環境如何惡劣，他總能找到生命的無限樂趣。他在杭州遊西湖時，寫下了千古名詩：「水光瀲灩晴方好，山色空濛雨亦奇。欲把西湖比西子，淡妝濃抹總相宜。」其後有文學家考究，蘇東坡這首詩，是寫給他當日初遇的西湖歌女王朝雲。

王朝雲因家境清貧，12 歲便淪落為西湖歌女。蘇東坡被貶杭州後，與幾位朋友遊西湖，飲宴時請來歌女助興。王朝雲天生麗質，能歌善舞，惹起了蘇東坡的憐惜。舞罷，歌女們入席侍酒，王朝雲換了一身素淡裝束，楚楚可人。此時西湖天氣生變，由原本朗日高懸，變為陰雲細雨，構成一幅奇景。在美景佳人相映成趣下，蘇東坡揮筆寫下了這首西湖最著名的詩句，內裏亦隱藏了詩人對王朝雲的心意。王朝雲聰慧機敏，亦仰慕蘇東坡的才華，終於輾轉跟隨蘇東坡到蘇家。她知書識禮，在蘇家雖然一直沒有名分，但獲得善待，直到 16 歲時，蘇夫人正式將她納為蘇東坡的侍妾，從此一生追隨蘇東坡。

有一天，蘇東坡吃飽晚飯回到家裏，指着自己脹脹的肚子說：「我肚子裏面是甚麼？」有人回答說是滿肚見識；亦有人說都是文章。王朝雲卻笑道：「是滿腹的不合時宜。」蘇東坡讚嘆道：「知我者，唯有朝雲也！」

我追蹤着蘇東坡的足迹，來到廣東惠州。讓我憑弔良久的，卻不是千年知己留下的如東坡亭等遺蹟，而是王朝雲之墓。蘇東坡在她的墓碑上說：「東坡先生侍妾日朝雲，字子霞，姓王氏，錢塘人。敏而好義，侍先生二十有三年，忠敬若一。」王朝雲墓前蓋有一亭，上有一副楹聯：「不合時宜，唯有朝云能識我；獨彈古調，每逢暮雨倍思卿。」王朝雲在惠州病逝時，年方 34 歲。

王朝雲唱家班出生，歌藝一流。她喜歡唱蘇東坡的《蝶戀花》，為其消愁解悶：「花褪殘紅青杏小。燕子飛時，綠水人家繞。枝上柳綿吹又少，天涯何處無芳草。牆裏鞦韆牆外道。牆外行人，牆裏佳人笑。笑漸不聞聲漸悄。多情卻被無情惱。」

蘇東坡被貶在杭州時，因為生性豁達，所寫的詩詞亦經常苦中作樂。傳到朝廷時，他的政敵氣不過他被貶杭州的生活這麼爽，於是把他再貶往惠州。當時，惠州被視為南夷瘴疫之地，蘇夫人已經病歿，蘇東坡恐怕婦孺不能適應當地生活，於是將她們遣散的遣散、安置的安置，唯獨王朝雲執意伴隨蘇東坡遠赴南夷。

被貶惠州後，他們生活拮据。當地最便宜的食物，當然就是土產，包括荔枝。但荔枝不宜多吃，當地人就有「一啖荔枝三把火」的忠告，但蘇東坡卻拋下一句對比得天衣無縫的「日啖荔枝三百顆」；根據民間記載，雖然他吃得目赤喉乾，痔瘡爆發，卻樂得其中，「不辭長作嶺南人」。這是他的豁達、幽默和不合時宜的執着。

謫居惠州的一個秋天，蘇東坡請朝雲再唱《蝶戀花》，但朝雲唱了幾句就不能自已，唱不下去。她美目含淚，哽咽地說：「妾所不能唱完的，是『枝上柳綿吹又少，天涯何處無芳草』這句。」朝雲想到他曾經是身居要職的朝廷命官，因為性格耿直，不事權貴，雖然天才橫溢，但半生坎坷，自然為他感到無限悲痛。她一直悉心照顧，在拮据的條件下，四出張羅，買來便宜的肥豬肉，文火慢燉成「東坡肉」。這位天涯歌女，對文壇知己至死不渝。

王朝雲曾經為蘇東坡誕下一兒，但幼兒在被貶南下途中病亡。此事對王朝雲打擊甚大。蘇東坡寫道：「我淚猶可拭，日遠當日忘。母哭不可聞，欲與汝俱亡。故衣尚懸架，漲乳已流床。感此欲忘生，一卧終日僵。」其後朝雲染上瘟疫，她身體本已虛弱，加上尋醫問藥無效，溘然長逝。臨終前，她拉着蘇東坡的手唸着《金剛經》：「一切有為法，如夢幻泡影，如露亦如電，應作如是觀。」她在走向生命盡頭時，放不下的不是自己的青春早逝，而是用佛法開解蘇東坡，讓他釋懷。

這位緣定三生的紅顏，給了蘇東坡二十三年無限的心靈慰藉和日常生活的照顧。沒有這位惠州西子奉獻的淡妝濃抹總相宜，文壇千年知己留給世界的文化寶藏不會如此豐盛。

（原刊於 2020 年 12 月 28 日《香港 01》）

我的窗外就是荷塘月色

「今天入住清華大學教授樓，從窗口往外望，就是朱自清所寫〈荷塘月色〉裏的荷塘，我覺得自己好像多了三分文藝氣質。有空來探我！」數學系老師前往清華大學研究交流，抵步後傳來這個讓我欣羨莫名的微信。如此文藝氛圍，讓我在千里之外亦陶然欲醉，於是隨即把微信轉發給一位校長朋友。校長很快覆我：「我所認識的每名在清華住過的教授，無一例外，抵步後第一個傳來的訊息都是說：我窗外就是荷塘月色。哈！」

我亦不禁哈了一聲。清華大學這招實在高明，讓遠方來的學者處處窗外皆荷塘、人人感受朱自清。但處處荷塘的普遍性，絲毫不減其文藝顏值。正如居住港島半山和山頂的朋友，總是吹噓維港璀璨夜色的迷人。維港夜色千金可得，窗外荷塘的高雅遠逸、荷香書香，卻千金難求。清華大學有「荷塘月色」這張名片，自然會廣發給來自遠方的朋友；我的朋友既然拿到這張名片，並叫我有空去探望荷塘月色，我當然卻之不恭。

朱自清筆下的荷塘在清華大學「近春園」。這個名字好。以「春」字作為人名或地名的例子多得很，畢竟「春」是討人喜歡的。王迎春也好、王春迎也好，一聽就知道是美女的名字，叫人欣喜。一切本應聽來俗不可耐的長春、思春、曉春，一旦和「春」

配在一起，便不再俗氣。在地方名字後面加上「之春」，該地便立即遍地萌出青葱嫩芽，充滿陽光和新希望，美國便多次用這方法去騙人，例如布拉格之春、阿拉伯之春。文明古國伊拉克幾乎國之不國，卻仍留下「伊拉克之春」廣播中心。

清華大學「近春園」沒有選擇擁抱這個「春」，只是含羞答答地向春靠近一點點，「春」由恆常的主角竟然變成被動，這「近」可望而不可即。這是神來之筆。一個平淡無奇的「近」字配上「春」，竟然可以這樣含蓄雅致，不知是清華大學那位文人提出的名字。我懷着探春的心情，沿着近春路，走向近春園。

來到近春園，才知道自己想錯了。「近春」這個名字並非出自清華文人，而是出自前清的大內高手。近春園原來是清朝宮殿，是咸豐皇帝青春少艾時的禁宮，原屬圓明園一部份。1860年英法聯軍入侵北京，火燒圓明園，近春園得以倖免。1913年近，春園併入清華大學校園。1927年，朱自清在清華大學任教，有一晚他心裏頗不寧靜，於是獨自一人，悄悄地披上大衣，沿着荷塘漫步，寫下了〈荷塘月色〉這篇近代中國家傳戶曉的散文。

天下的山川名勝，總是要有名人名篇名句才能揚名天下。一座岳陽樓能有幾許風光？遠較他輝煌或清雅的建築俯拾皆是，但因為一篇〈岳陽樓記〉的「先天下之憂而憂，後天下之樂而樂」，讓無數雅士不辭千里慕名而來。塞外茫茫的黃土遺址，就因為「勸君更盡一杯酒，西出陽關無故人」而惹人無窮思念。為了「停車坐愛楓林晚，霜葉紅於二月花」，我又豈能不於初秋葉紅時來到愛晚亭留戀一番。荷塘月色畢竟不同。其他文化勝景如岳陽樓，總算是天下唯一，但荷塘卻是到處皆有，而且處處荷塘一樣花。我遊完近春園月色下的荷塘之後，結論是：沒有特色。但朱自清的名篇使它成為天下第一荷塘。

作為家傳戶曉的名篇，朱自清的〈荷塘月色〉有何令人爭相傳頌的名句？我找不到。文章內有何描述令人一讀難忘？我找不到。初中時國文科要熟讀這篇文章，到今天拿出來再念數遍，掩卷之後仍然記不起任何句子，整篇文章無一清新可喜的文句。真正的名句，小學時讀一次便畢生難忘。一篇沒有清新名句的散文，平平淡淡地講述沒有特色的荷花池，卻令兩者名滿天下，這是〈荷塘月色〉的異數。

朱自清文如其人，平實敦厚，毫無奇趣。〈荷塘月色〉是典型例子。我拿着文章當旅遊地圖，在月色下圍繞荷塘不斷兜圈、反覆推敲文章和景色的美麗，終於恍然大悟：令人難忘的不是文章內容。真正叫人神往的，就是這篇散文題目的四個字：「荷塘月色」。這四個字是藝術珍品，以最高密度，包涵了畫面、色彩、氣氛和寧靜，有淡淡幽香，還有文藝和詩意。就是這篇文章的題目，令它膾炙人口。文章主體寫得如何，是無關重要的襯托。

「葉子出水很高，像亭亭的舞女的裙。層層的葉子中間，零星地點綴着些白花，有裊娜地開着的，有羞澀地打着朵兒的；正如一粒粒的明珠，又如碧天裏的星星，又如剛出浴的美人。」如果不知道這段文字出自〈荷塘月色〉，還以為出自學生報。事實上有不少文人把朱自清批評得毫不客氣。詩人余光中便提出「舞女的裙」和「美女出浴」使人聯想到廣告畫的俗艷。夏志清則乾脆說朱自清的文章「肉麻」。

文人相輕，有時不足為道。我還是聽聽窗外荷塘的數學老師意見。他以知識分子而非文人的角度欣賞朱自清的散文：「朱自清一身文人風骨。雖然一介書生，卻冒險參加抗日行動；面對國民黨對共產黨人的暗殺而毫不畏懼地協助進步青年；在吃不飽的年代拒絕領取美國援助的麵粉，於50歲的英年便病逝。他臨終前對妻子的囑付，就是不領取美援麵粉。他的文章，就如他的文人風骨，清純真摯，是人文情懷的最高表達。」

聽完數學老師的分析，我不以為然。回到窗外荷塘的房間，我悄悄拿出〈荷塘月色〉即管再讀一次。熟悉的句子，樸實敦厚地迎面襲來，震撼我全身，我不能自已，蹲倒地上。

（原刊於2020年5月17日《香港01》）

最美好的年華

他很聰明，她更聰明，但最聰明的是她的父親。畢竟全球只得兩名華人獲頒發等同數學諾貝爾獎的沃爾夫獎。第一位就是她的父親，第二位是她父親的學生丘成桐教授。那年，我隨香港科技大學前校長朱經武教授訪問加州大學聖地牙哥校區。太平洋吹來的海風習習，朱校長重臨初戀之地。他年輕時在這所大學當物理系研究生，遇到一位天才少女，她 16 歲便從加州大學柏克萊分校物理系畢業，然後來這所大學當研究生。風度翩翩的朱經武迷上了才女陳璞。才女的父親，就是百多年來華裔數學第一人陳省身教授。近世紀能夠以學養征服全世界的華人屈指可數，陳省身是表表者。

陳省身的大名我聽過，知道他是數學大家，亦僅此而已，並沒深入研究他如何偉大。朱經武謙謙君子，卻有睥睨天下的眼光。朱校長言談之間默默流露出對陳省身教授的畢恭畢敬，引起我的好奇去了解這位數學偉人。偉人的足迹，引領我來到了位於天津的南開大學。因為我讀了陳省身寫的一篇文章：〈我最美好的年華是在天津度過的〉。

在南開大學，我直奔「省身樓」，但是未到這座數學大樓，首先看到一座白色塑像。走近一看，原來是周恩來紀念像，用漢白玉雕刻而成。台基刻着：「我是愛南開的」。我孤陋寡聞，只知道周總理曾留學法國和日本，還從野史中讀到他在當地迷倒外籍女知青，但我一直不知道他是南開傑出校友。他較陳省身早七年入南開大學；兩人分別體現了南開的教育理念：一位是以文科治國、一位是以理科強國。

南開大學創辦人嚴修先生和校長張伯苓其後資助周恩來出國留學。周在法國參加共產黨，開始全力搞革命。那是上世紀二十年代，中國共產黨還是剛剛起家，革命成功被視為癡心妄想。於是有人忠告嚴先生停止資助周恩來。嚴先生說：「人各有志」，繼續資助。如此胸襟和視野，難怪出了周恩來和陳省身。

「省身樓」是一代數學宗師葉落歸根的標誌。「在成立這座國際數學研究所時，陳省身說：一般中國人覺得我們不如外國人，所以我要把這個中心改過來，某些事情可以做得跟外國人同樣好，甚至更好。」從陳省身數學研究所沿河行十分鐘便到「寧園」，是陳省身在南開的故居。陳省身在普林斯頓高等研究所時和愛恩斯坦相熟，後者表示做研究需要寧靜的環境，故此以「寧園」為名。但我相信這名字的另一層意義，是紀念他的愛妻鄭士寧女士。

我在參觀校史館時發現南開大學有一座「思源堂」。於 20 年代獲美國洛克菲勒基金捐助。基金代表前來南開大學考察，但表示先要聽一節化學課講座。於是聽了化學系主任邱宗岳教授的課。聽完一節課，基金會代表激動地說：「就是在美國最好的大學，也很難聽到這樣高水平的課。」於是捐款落實了。以一節課換來一座樓的邱宗岳教授，曾在麻省理工學院和哥倫比亞大學深造，再在克拉克大學取得化學碩士和博士。

1926 年日本軍艦駛入天津港，是中國內憂外患的年代，當年陳省身以 15 歲之齡考入南開大學。他的數學老師名叫姜立夫。這位在艱難的年代艱難的大學教授數學的老師，竟然是一位哈佛大學數學博士。他於 1919 年獲博士學位，隨即回國，在南開大學創辦數學系。在那個年代以哈佛大學博士身份，如留美發展，事業順利生活安穩是最起碼的囊中物。但這位老師與其他愛國青年如鄧稼先一樣，取得博士學位便馬上回到兵荒馬亂的祖國。命運的安排，陳省身成為他的學生，是班裏年紀最小成績最好的學生。其後，陳省身考入清華大學研究院，並以優異成績畢業，獲獎學金出國留學。他景仰德國一位數學大家，於是放棄美國而前赴德國，僅兩年便取得博士學位。

1937 年盧溝橋事變，抗日戰爭爆發，烽火連天，日軍在南京進行大屠殺，在天津把南開大學炸為平地，圖書資料俱成灰燼。當時身在法國研究數學的陳省身馬上啟程回國，從法國輾轉乘船到紐約，然後乘火車到溫哥華，再搭船到上海，但當地已被日軍所佔，於是改在香港下船，折騰了一個月，再赴長沙，加入由北大、清華、南開因逃避戰禍而在長沙成立的臨時大學任教。翌年日軍兵臨長沙，臨時大學遷往昆明，成為西南聯合大學。在困苦和戰爭的環境中，陳省身和來自南開的數學啟蒙老師姜立夫執教數學，學生包括楊振寧及李政道。當年南開大學和北大清華一同遷往昆明，以社會上的名望而言，南開不能與北大、清華比擬，但師生的水平和思想是世界級，因為有周恩來、陳省身、姜立夫及邱宗岳等一代宗師。

朱經武在美國加州邂逅陳璞的時候，陳省身正在柏克萊任教。朱經武的研究生導師是諾貝爾物理學獎得主，和楊振寧相熟。陳省身知道女兒和朱經武拍拖，便找楊振寧向朱經武的導師打聽青年才俊朱經武是何等人物。楊振寧向陳省身說：「朱經武很聰明，但陳璞更聰明。」朱經武完成博士學位後前往貝爾實驗室（Bell Lab）工作。陳璞打算陪同並轉到貝爾實驗室附近的大學繼續深造。陳省身表示，既然同去，何不先結婚？於是朱經武和陳璞結婚。

朱經武搞物理、陳璞也是物理系高材生。她認為兩人都主攻物理太過單一，於是改念經濟，拿了經濟學博士。她畢業後獲美國銀行羅致，其後在美國協助創立銀行，對銀行的規管別有心得。朱經武出任科大校長，陳璞陪同來港，了解到香港銀行的法規。在初戀之地海風習習下朱校長告訴我：「我太太說：以現時的金融法規，銀行想不賺錢也很難。」那是 2006 年，正是銀行賺大錢的年代。兩年後，雷曼兄弟爆煲。一代天驕的人物，別具洞察。

（原刊於 2020 年 4 月 19 日《香港 01》）